四川职业技术学院文库·百年校庆

中高职衔接探索与实践

Zhonggaozhi Xianjie Tansuo Yu Shijian

何军 黄世瑜 梁彦 著

西南交通大学出版社
·成都·

图书在版编目（CIP）数据

中高职衔接探索与实践 / 何军，黄世瑜，梁彦著. 一成都：西南交通大学出版社，2018.7
（四川职业技术学院文库. 百年校庆丛书）
ISBN 978-7-5643-6220-1

Ⅰ. ①中… Ⅱ. ①何… ②黄… ③梁… Ⅲ. ①职业教育–教育研究–中国 Ⅳ. ①G719.2

中国版本图书馆 CIP 数据核字（2018）第 119903 号

四川职业技术学院文库·百年校庆丛书

中高职衔接探索与实践

何 军　黄世瑜　梁 彦　著

责 任 编 辑	干燕飞
助 理 编 辑	黄冠宇
封 面 设 计	曹天擎
出 版 发 行	西南交通大学出版社 （四川省成都市二环路北一段 111 号 西南交通大学创新大厦 21 楼）
发行部电话	028-87600564　028-87600533
邮 政 编 码	610031
网　　　址	http://www.xnjdcbs.com
印　　　刷	四川煤田地质制图印刷厂
成 品 尺 寸	170 mm×240 mm
印　　　张	12.75
字　　　数	274 千
版　　　次	2018 年 7 月第 1 版
印　　　次	2018 年 7 月第 1 次
书　　　号	ISBN 978-7-5643-6220-1
定　　　价	75.00 元

图书如有印装质量问题　本社负责退换
版权所有　盗版必究　举报电话 028-87600562

前　言

在 2010 年全国职业院校技能大赛上,教育部副部长鲁昕提出,将中职教育、高职教育和终身教育有效地衔接起来,促进人才的培养。这正符合《国家中长期教育改革和发展规划纲要(2010—2020 年)》中所明确提出的要大力发展职业教育、构建体系完备的终身教育的发展目标:到 2020 年,我国的教育要彰显终身教育理念,形成中、高职业教育、终身教育统筹协调发展的现代职业教育体系。中、高职教育的有效衔接,不仅能够促进高等职业教育和中等职业教育的健康发展,体现职业教育的办学特色,满足企业对人才质量的需求,也能促进我国终身教育体系的完善,满足学生对再深造的需求,已成为我国职业教育当前发展的时代主题和我国建设现代职业教育体系的重要组成部分。做好中高职的衔接,不仅可以满足经济社会发展的需求,加快我国现代职业教育体系的建设,而且对于推进高职教育、拉动中职教育,提升职业教育整体吸引力都具有重要意义。

随着全国职业教育的兴起,四川省也通过积极推进高标准职教体系建设,积极构建具有高水平的示范职业院校、建设标准化的规范职业院校和建设高标准的骨干职业院校,构建具有区域经济特色的职教体系框架。由此,本书基于四川省教育体制改革项目所提出的"构建终身教育体系与人才培养立交桥,全面提升职业院校社会服务能力"中高职衔接试点工作,通过对试点工作的总结,准确提出中高职衔接的具体问题和困难,深入理解现代职教体系构建,总结提炼出较为明确的、具有独特见解的衔接机制,以培养"高端技能型人才"为宗旨,研究、分析了中高职衔接的内涵关键内容,形成了具有示范、借鉴价值的案例。有理论支撑,有实践基础,有经验积累,有试点案例。同时,自 2013 年 4 月开始着手开办"中高职衔接一体化试点班",把中高职衔接工作引向深入、引入实体,积累了丰富的试点经验和成功案例。本书从"试点班"的人才培养入手，通过分析国内外中高职一体化人才培养模式改革现状，梳理中高职一体化人才培养模式改革的重点问题，探索中高职一体化教育机制建设（包括学籍管理机制、能力认同机制、中高本校际专业建设联动机制）；构建一种现代新型的"一体化"人才培养模式，为推进中高职衔接活动打开局面，奠定基础；既融合贯彻了省级教育改革的精神，又强化了政校合作、为地方经济社会服务的职教宗旨，体现出了较强的使命性和实效性。

  本书由四川职业技术学院梁彦编写第一章，黄世瑜编写第二、三、四章，赵国华、罗强编写第五章，何军编写第六、七、八章，全书由何军教授担任主编，黄世瑜、梁彦担任副主编。

目 录

第一章 问题与分析… / 1
    第一节 中高职衔接调查… / 2
    第二节 中高职衔接问题分析… / 20

第二章 中高职衔接人才培养模式… / 35
    第一节 职业教育人才培养模式现状… / 36
    第二节 岗位能力体系构建… / 39
    第三节 人才培养模式构建… / 60

第三章 中高职衔接课程体系… / 64
    第一节 中高职衔接课程体系构建… / 64
    第二节 中高职衔接课程标准… / 75

第四章 中高职衔接实训模式… / 92
    第一节 实训与实训系统… / 92
    第二节 实训基地建设模式… / 96
    第三节 实训教学模式及课程开发… / 99

第五章 中高职衔接的校企合作模式… / 113
    第一节 校企合作主要方式及要求… / 113
    第二节 中高职衔接校企合作模式构建… / 117

第六章 中高职衔接机制改革… / 126
    第一节 "中高职一体化试点班"管理… / 126
    第二节 教学质量监控与评价… / 134
    第三节 衔接体制机制建设… / 140

第七章　中高职衔接招考制度改革探索…/ 152
　　第一节　考试制度改革探索…/ 152
　　第二节　招生制度改革探索…/ 159

第八章　中高职衔接体系建设…/ 173
　　第一节　衔接评价标准建设…/ 173
　　第二节　一体化教材建设规划…/ 179
　　第三节　中高职衔接能力标准…/ 182

参考文献…/ 195

第一章
问题与分析

为了掌握第一手素材,夯实试点工作基础,顺利推进中高职衔接试点工作,四川职业技术学院省级教育体制改革"构建终身教育体系与人才培养立交桥"试点项目领导小组,制订了完善的调研工作方案,并于2011年9月、2012年3月,有组织地派遣试点工作人员及相关系部负责人共计30余人,分成三个小组,先后奔赴遂宁三县两区三园区以及成都、绵阳、德阳、宜宾、泸州、内江、资阳、南充、广安等地,深入党委、政府部门、学校、企业,采用现场参观考察、个别访谈、召开座谈会等多种形式,对43个地方政府及其职能部门,中国重汽成都王牌商用车有限公司、泸州港国际集装箱码头等21家企业,遂宁市职业技术学校等11所中职学校,宜宾学院、内江师范学院、成都航空职业技术学院等13所本科和高职院校进行了深入的考察调研。共发放政府部门问卷16份,回收11份;学校问卷49份,回收49份;中职学生问卷1 484份,回收1 484份;企业问卷26份,回收16份;企业员工问卷152份,回收152份。与政府、行业企业、中高职学校签订了试点工作合作意向性协议46份。其中应用电子技术专业作为首批试点专业之一,该专业教师全程参与了中高职衔接调查研究工作。通过考察调研,加深了我院与各地党委和"政、行、企、校"间的相互了解与信任,增进了友谊,把握了"政、行、企、校"各层面的实际需求与愿望,听取了合作伙伴的宝贵意见与建议,学习了相关高校的先进办学经验,与各考察单位就相互关心的重、难、热点问题进行了深入探讨,全面理清了中高职衔接的内涵、目的意义、制约因素、关键工作与任务等。

第一节　中高职衔接调查

一、概念界定

1. 中等职业教育

"中等职业教育"这一名称中的"中等"一词的含义一般理解为中等文化基础教育，具体为"高中阶段文化基础教育"。"中等职业教育"中的"职业教育"一词的含义一般理解为注重训练职业技能，使学生形成"科学的世界观、人生观和爱国主义、集体主义、社会主义思想以及良好的职业道德和行为规范；具有基本的科学文化素养，掌握必需的文化基础知识，具有继续学习的能力和适应职业变化的能力；具有创新的精神和创新能力、立业创业能力；具有健康的身体和心理；具有基本的欣赏美和创造美的能力"的教育。中等职业教育是培养"与社会主义现代化建设要求相适应，德智体美等全面发展，具有综合职业能力，在生产、服务、技术和管理第一线工作的高素质劳动者和中初级专门人才"的教育，具体包括中等专业学校、职业高中、技工学校的教育。

2. 高等职业教育

高等职业教育可以用三句话来概括：它是高等教育；它是职业技术教育；它是职业技术教育的高等阶段教育。高等职业教育是根据社会经济发展需要，培养具有职业理想、职业道德、职业纪律和职业技能，适应生产、建设、管理、服务第一线的高级技艺型、应用型人才的教育。具体包括高等职业技术教育、成人教育、高等专科教育，本文主要指专科层次的职业技术学历教育。

高等职业教育与中等职业教育在培养目标上是有区别的，其最根本的区别就在于一个"高"字。这个"高"主要体现在以下几个方面：一是学生的综合素质较高，职业发展能力较强；二是学生对前沿性技术的了解和掌握程度较高；三是高等职业技术教育的专业具有复合性特征。

3. 中高职教育衔接

"衔接"在现代汉语词典中的含义是"连接""承接"的意思。中高职教育衔接是指中职教育与高职教育在学制、培养目标、课程设置、教学内容、招生制度、专业设置等方面的连接、承接关系。

二、中高职衔接研究情况

从二十世纪八十年代以来,我国专家学者对中高职衔接的研究与实际探索经历了由少到多、由浅到深、由分散到集中、由形式到内涵的发展过程,取得了阶段性成果。总的来说,主要对以下方面进行了研究:中高职衔接的必要性、中高职衔接模式、中高职衔接方法、中高职衔接内容、中高职衔接的机制体制、国外中高职衔接研究等。

1. 中高职衔接的必要性

关于中高职衔接的必要性方面,虽然研究者角度不同,但都表现了高度一致。主要体现在以下几个方面:

（1）是完善现代职业教育体系的客观需要。

国家关于职业教育的重大战略决策之一就是"建立现代职教体系"。1985年我国在《中共中央关于教育体制改革的决定》中首次提出中高职衔接命题,1991年《国务院关于大力发展职业技术教育的决定》再次对此进行了强调,1996年我国颁布实施《中华人民共和国职业教育法》,以法律形式确立了我国职业教育体系的整体架构。1999年以后普通高等教育扩招,中职学校招生面临严峻挑战,教育部为拉动中职教育发展,出台了《试行按新的管理模式和运行机制举办高等职业技术教育实施意见》,确立高职教育在职教体系中的龙头地位,有效促进了中高职衔接。2010年《国家中长期教育改革和发展规划纲要（2010—2020年）》,明确提出了"建立现代职教体系,并不断完善现代职育体系的内涵"的要求。在2011年成教工作会议上,鲁昕副部长指出:"所谓现代职教体系,就是要适应经济发展方式转变、产业结构调整和社会发展要求,加快建立体现终身教育理念,中等和高等职业教育协调发展的现代职业教育体系。"2011年6月25日,教育部促进中等和高等职业教育协调发展座谈会上,鲁昕副部长再次指出"现代职业教育体系建设的切入点,就在于中高职的协调发展,解决中高职发展的断层问题"。同年,《教育部关于推进中等和高等职业教育协调发展的指导意见》更是推动了中高职衔接的进一步发展。一系列的战略决策表明,中、高职教育间的衔接与沟通,将会使中职生拥有更多接受高等教育的机会,这在给中职教育发展带来活力的同时也为高职教育发展提供"后备力量",带动高职教育的发展,进而完善现代职业教育体系。

（2）是适应社会发展的现实需求。

从经济层面来说,社会对人才的需求随着经济发展水平不断变化,所以说，职业教育发展必须适应经济社会的发展，及时调整方向。当前，我国传统产业升级速度加快，由机械化、自动化升级到智能制造，产业发展以高新技术为核心，这一过程带来了对人才结构与内涵方面要求的改变，通过中高职衔接，让中职学生接受高等教育尤其是高等职业教育，既是我国经济发展和产业转型升级的要求，也是优化人力资源结构的客观要求。

从社会层面来说，由于社会经济发展引起的对人才需求的变化，行业对从业人员技术和学历层次的要求进一步提高，这一变化严重影响了中职毕业生的就业。建立和完善中、高职衔接的快速通道，能够满足中职层次学生继续学习的需要，提高学历层次、专业能力和职业素养，为就业添加了竞争力。就业有保障，社会就会更加和谐稳定。

（3）是突破教育发展"瓶颈"必然需求。

多年来，"中高职教育严重割裂与脱节"已成为我国职业教育发展的主要"瓶颈"。一般来说，教育系统由职业教育系统与普通教育系统共同组成，职业教育和普通教育是不同类型的两种平行的教育类型或者类别，普通教育是一个完整系统，职业教育也应该是一个完整系统。目前，普通教育的初、中、高三级是相互紧密衔接的，不论是教学内容，还是考试选拔制度，已经形成良性的运转体系。但是，职业教育也有初、中、高之分，却尚未形成一个完整体系。虽然我国在完善现代职业教育体系建设方面取得了显著成绩，比如在终身教育理念、基本框架、外部产业适应性、专业设置、中高职协调发展和体系建设的目标等方面。但是，中高职之间长期以来存在严重割裂与脱节问题。例如：普通学校招收下一级普通学校的毕业生，而职业学校招收的主要是不能升入上一级普通学校的学生，生源较差。就中职生的生源来看，其中大多数能升上普通学校的几率较小，文化知识基础较弱，很难与专门学习文化基础知识的普通高中生竞争。中职学校为了应对这种劣势，又不惜减少专业技能知识增加文化基础知识的学习，导致得不偿失，失去了中职教育的优势。高职院校在招生的选择上，比起文化基础较弱的中职生源，更倾向于选择无专业知识背景的普通高中生，导致其专业教学就必然从零开始，严重扭曲了职业教育的特色所在，使其总体发展受到难以逾越的阻碍。

总的来说，由于中高职教育之间存在着政出多门、条块分割、相互独立、相互脱节等情况，中高职教育之间普遍缺乏必要的协作与交流，缺乏统筹兼顾的科学管理体系，从而出现中职教育与高职教育之间缺乏有效的衔接机制，职业教育和高等教育之间有着不可逾越的鸿沟。这已成为中、高职教育衔接的障碍，直接影响到中、高职的协调发展，甚至成为制约我国职业教育发展的主要"瓶颈"。

（4）是顺应国际职业教育发展的需求。

2016年，我国加入世界贸易组织（WTO）后15年保护期到期，我国经济全面融入经济全球化，职业教育也向全世界教育市场开放。当前世界众多发达国家均建立了中高职衔接的职业教育体系，职业教育的主要年龄阶段由原来的"中学阶段"推迟至"中学后"，如日本的职业教育将过去的初中后分流为主逐步改变为高中后分流为主，德国的职业教育保持较大比重的高中阶段职业教育的同时，大大发展高等职业教育；美国实施高职教育的社区学院学校和在校生数占到高等教育的40%以上。当前情势下，我国也应该着眼于世界职业教育未来的发展趋势，完善中、高职教育的"立交桥"式衔接。通过中高职衔接，加快中、高职院校专业和课程调整，满足当前社会经济发展对技能型人才的需求，提高人才的竞争力；加强国内学校之间的联合，以及与国外职业院校之间的交流与沟通，迎接知识经济和全球化带来的挑战。

2. 中高职衔接人才培养模式

在我国教育界，刘明凌等人于1994年在其主编的《大学教育环境论要》中首次对人才培养模式进行明确界定："人才培养模式是指在一定的办学条件下，为实现一定的教育目标而选择或构思的教育教学式样。"1998年教育部召开的第一次全国普通高校教学工作会议的主文件《关于深化教学改革，培养适应21世纪需要的高质量人才的意见》（以下简称《意见》）提出："人才培养模式是学校为学生构建的知识、能力、素质结构，以及实现这种结构的方式，它从根本上规定了人才特征并集中地体现了教育思想和教育观念。"从《意见》的表述中可以看到，"学校为学生构建的知识、能力、素质结构"是对人才培养目标结构的界定，是模式的结构型描述；"实现这种结构的方式"是对实现人才培养目标的方式的界定，是模式的功能型描述。《意见》中对人才培养模式的表述既全面又明确，因此，本书采用的是《意见》中对人才培养模式的概念界定。

从我国目前对中高职衔接人才培养模式的研究情况看，中高职衔接有以下几种模式：第一种是对口招生模式。中职学校毕业生对口报考高职、高专学校。第二种是"五年一贯制"模式。选择部分国家级重点中职学校或高职学校招收初中毕业生，采用学制五年的高职技术教育，前三年根据中职教学计划，学生学习文化基础课和一些专业基础课，后两年完成大专学业。第三种是"3+2"分段贯通模式。一所或几所中职学校与专业对口或相近的高职校联合办学，采取前3年在中职学习，后2年在高职学习，分阶段完成各自教学任务。但中高职学校要共同制定培养目标，整合、重组中高职课程和教学计划。

1）对口招生模式。

"对口招生"衔接模式是指通过省级组织的单独招生考试，高等院校招收成绩合格的中职毕业生，在高职院校再学习。

（1）"对口招生"衔接模式的优势。

高职院校所招收的专业对口的中职毕业生，不仅是高级应用型人才的最初级"原材料"，还是高职院校人才的"半成品"，这样的学生更适合进入高职院校学习。

中职学校和高职院校这种合作培养方式，在保持相对独立的情况下，既可以实现教学资源的有效对接，也有利于教育目标的实现。中职学生进入对口专业的高职院校学习，在知识水平、专业技能、实践能力上实现了从初级应用型人才向高级技能型人才的转变，大大缩减了人才培养的时间成本，打造出高质量应用型、技能型人才培养的快车道，既促进了学生发展，也满足了社会需求，有效提升了教学效益。在人才培养目标的指导下，中职学生升入高职院校毕业后，既具有扎实的理论知识，又有一定的实践操作能力。其毕业生与本科生、研究生相比，后者基础知识、理论水平较高，但操作技能有限；与中专生相比，后者理论功底较为欠缺，高职毕业生兼具理论知识与操作技能，深受用人单位青睐，就业形势较好。"对口招生"模式从制度上拓展了中职毕业生的升学途径，改变了中职教育就是"终结型"教育的性质，延长了中职毕业生的学习时间，容易得到社会认可，在很大程度上提升了中职学校的招生吸引力。另外，国家适当扩大了对口招生人数在高职院校招生计划中的比例，对解决高职院校的生源危机有积极意义，从而促成了中职学校与高职院校的双赢。

（2）"对口招生"衔接模式的弊端。

目前，高职院校的生源主要为普通高中毕业生，只有很少比例的中职毕业生能够被高职院校录取。这主要是因为多数初中毕业生选择就读普通高中，中职生源不足，进入高职院校的中职毕业生数量也随之减少。由于目前没有完整的且不同于高中毕业生升入高职院校的教学计划，也没有专门教材，大多数高职院校甚至将录取的中专生、高中毕业生编入同一班级学习，中职学生进入高职院校后学习的内容与中职学校重复，易产生厌学心理。进入高职院校之后，开设课程增多、课程难度加大，中职学生要想顺利完成学业势必会承受更多的学习压力。长期以来，对中职学生的考核偏重理论知识，存在应试教育倾向，也导致中职学校围绕学生升学而开设课程，对各类实训课、技能课缺乏应予的关注，造成"对口招生"的学生文化基础普遍比普通高中学生弱的刻板印象，却未能体现他们实际技能水平较高的优势。

2)"3+2"分段贯通衔接模式。

"3+2"分段贯通衔接模式是指中职学校与高职院校签订联合办学协议，选取相应专业，所招录的初中毕业生前三年在中职学校学习，选拔部分优秀学生升入高职院校，完成后两年学习任务，考试合格后颁发大专毕业证书；未升入高职院校的那部分学生，达到中职毕业条件，发放中职毕业证书。

（1）"3+2"分段贯通衔接模式的优势。

① 稳定中职教育生源。随着普通高校扩招、中职毕业生分配制度取消和高中招生计划不受限制等政策的实施，初中毕业生大多数选择读高中，中职生源曾一度急剧下滑，中职学校招生形势极为严峻。由于中职毕业生升入高职院校只需要进行简单的转段考核，不需要参加高考，有效避开了高考这道"门槛"，在一定程度上避免高考落榜的风险，提高了中职学校的吸引力。

② 提高中职教育质量。这一模式有利于中职学校加强教育教学管理；在一定程度上改变了中职教育知识体系不规范、教材编排混乱与中高职知识衔接缺乏科学性等现状，也有利于激发中职学生的学习动力，促使学生积极探索知识、深入钻研专业理论、提高专业技能，进一步提升自身素质。

③ 降低高等教育门槛。运用这一人才培养模式可以有效利用现有教育资源，在一定程度上为更多的中职毕业生打开了高等教育通道，有效提升高等教育的入学率，从而在一定程度上既满足了中职学生推迟就业的需要，也扩大了高等教育规模，发挥了现有高等教育资源优势。

④ 利于分段重点培养。中高职阶段是职业教育发展的主要时期，其中不同的时间段有各自不同的任务。中职阶段以开设公共课程和专业基础课程为主，有利于学生打下专业基础知识并形成对专业的感性认识；高职阶段以开设专业核心课程与专业实训课程为主，有利于学生提升技能素质、养成团队合作品质，形成对专业的理性认识。

（2）"3+2"分段贯通衔接模式的弊端。

① 生源规模不衔接。通常情况下，中高职转段考核在中职阶段第四学期举行，但考核通过的中职学生一年之后才能入读高职院校。在具体学籍管理执行过程中，高职院校与中职学校缺乏必要的交流与监督，在这一年的空档期内，部分被录取的中职学生选择实习或工作，自动放弃了进入高职院校继续学习的机会，学生流失率偏高。

② 专业设置不衔接。"目前我国从中职各类学校到高职各类学校，其专业建设、范围、名称、要求等很不规范，随意性大，宽窄不一。"中职学校专

业设置种类庞杂而覆盖面非常狭窄，高职院校开设专业主要考虑是否满足自身条件，较少考虑中职向上延伸的需要，造成许多中职专业找不到对口的高职专业联合办学，大大减少了中职生升入高职深造的可能性。

③ 课程体系不衔接。课程是实现人才培养目标的载体，是学生与行业企业之间的立交桥，课程衔接是学生由中职学校升入高职院校必须关注的重要问题。就目前来说，中高职课程体系独立发展、缺乏沟通，将各自的人才培养目标分解成相应的能力体系，再以此构建课程体系。基本是以普通高中毕业生的"零起点"专业技能与知识为依据，课程设置区别不大。

④ 考核方式不衔接。中职学校主要按照由高职院校牵头制定的考核方案，采取"逐年考核、合格升级"的方式对中职学生进行质量考核，帮助学生过渡到高职阶段。这种考核方式未真正介入中职学生的技能训练与素质养成，因此对中职学校教学和人才培养起不到实质性的作用和引导。

3）"五年一贯制"衔接模式。

"五年一贯制"衔接模式，又称"初中起点的大专教育"，是指选择部分高职院校（有的省份选择部分国家级重点中专），招收参加中考的初中毕业生，达到录取成绩后，不需要参加入学考试而直接进入高职院校学习，经考核合格，颁发国家承认的全日制高职院校大专毕业证书。

（1）"五年一贯制"衔接模式的优势。

招收对象是参加统一中考、年龄为 15~16 岁的初中毕业生，学生基础知识较好，且正处于人生价值观形成、学习语言和掌握技能可塑性很强的最佳年龄阶段，有利于养成职业意识、培养职业能力、提升职业素质，有利于增强专业稳定性、教育认同感和职业归属感。在"五年一贯制"模式下，可以统筹安排中高职两个阶段的人才培养计划，使教学更加系统、完整和连续，具有总体规划的办学优势。既有效避免了中高职衔接过程中因培养方向的偏移而导致的教学内容和课时安排的重复，又能使学生比较系统地掌握专业知识和专业技术，形成稳定的专业思想、良好的职业道德，有利于提高教育质量和办学效益。由于 80% 的高职院校由中职学校升格而成，大部分教师兼具中高职教学经验，师资完全能满足教学需要，且已有成熟的人才培养方案和教材，可以有效避免中高职衔接过程中的教学内容重复。与中职和高职独立分开的教育模式相比，还能缩短一年的时间，学生在五年里可以完成中职和高职的学习并获得高职毕业证书。此外，"五年一贯制"可以实现中高职在师资力量、实训设备、课程、教材、办学经费等各资源要素的双向流动、优势互补和优化配置，有效提高资源利用率，促进中高职教育在各自优势基础上获得可持续发展，同时增强中职学校和高职院校的吸引力，从而在一定程度上扭转高职院校招生困难的局面。

（2）"五年一贯制"衔接模式的弊端。

对于高职院校来说，由于招收的初中毕业生具有年龄较小、知识基础薄弱、认知水平有待提高、心理尚处于发展期、职业取向不稳定等特点，与高中毕业生相比存在明显差距，必然会给学生管理带来一定困难。因此，大多数高职院校对于五年一贯制模式的积极性不高。而且五年制教学时间跨度较大，学生长期在同一个校园里学习和生活易产生单调、疲怠心理，往往只有比例很少的学生能够真正坚持到最后。另外，由于没有淘汰机制的约束，学生在心理上就不会产生较大的压力和动力，造成学习兴趣和动机不足，在一定程度上影响学生的学业发展和毕业生的质量。从教育性质来说，这种衔接模式淡化了中职与高职的界线，即使原有的中职培养目标弱化，也不利于高职院校高等教育属性的展现。从学生发展角度来讲，由于不经过严格考试就可以接受高等教育，在一定程度上减弱了高职教育的升学价值，也降低了学生对高职教育的认可程度。中职学校和高职院校本属于不同的机构，各自有不同的培养目标和教学任务，这样的合作易于流于形式，一般是3年中职和2年高职的简单相加，不是真正的无缝对接，甚至在办学主体之间还存在权力、利益等方面的博弈，使得"五年一贯制"名不副实，人才培养质量下降，也就失去了中高职衔接的意义。

3．中高职衔接方法

衔接方法方式方面，当前各（国家和地区）研究上谈到的大体有以下三种：一种是以英国为代表的单元衔接法。这种方法中的教学单元也称为教学模块，每一单元中包括相互独立又各有联系的教学内容，按内容的深浅，教学单元可分成若干层次。例如，英国技术委员会（TEC）把中职课程和高职课程统一制订成数以千计的教学单元，并按程度分成Ⅰ、Ⅱ、Ⅲ，Ⅳ，Ⅴ5个层次。中职的教学单元在Ⅰ、Ⅱ，Ⅲ3个层次，高职的教学单元在Ⅲ.Ⅳ，Ⅴ3个层次。其中，第Ⅰ层次的单元与初中课程衔接，它与相邻层次的教学单元是相互衔接的。教学单元在相互衔接时，基本上可以避免重复学习和内容脱节。单元衔接法存在的问题是编制教学单元体系工作量巨大，而且教学单元的补充、更新等任务繁重。第二种是以法国为代表的专业分类衔接法。这种方法是以中职与高职教育间的相应专业作为衔接点，以实现两个层次教育间的衔接。法国将中职按行业和职业分为17类，每一类都有统一的课程设置标准，高职院校各专业分别对口其中的某一类，以该类课程标准为基础设计高职课程，从而实现衔接。当招生不足时，也可招收普通高中的某类学生（法国的普通高中有 8 类，其中如"农艺学与技术""教学和技术"都包括职业技术课程），但入学后一般要补习某些课程。这种衔接方法使高职有较高的专业起点，有利于提高高职的质量，存在的问题是中职、高职的专门课程之间仍有一定的重复。第三种是以中国台湾为代表的专业归类衔接法。它是将高职院校的所有专业归纳成若干大类，每一大类专业制订出各自的入学标准与要求。这一入学标准体现在具体的考试科目之中。入学考试群包括对文化基础课的要求，也包括对若干门专业理论课和实践课的要求。中职技术学校的毕业生按照选择的应考科目，确定将就读高职的专业类别。这样，通过高职各类专业所制订的入学应考科目，将中职与高职在教学上衔接起来。该衔接方法与法国的专业分类衔接方法类同，即按专业分类对口招生。所不同的是，前者是以中等教育的专业分类；后者是以高职教育的专业分类。

中高职教学衔接的内容方面，有研究者认为应包括四个方面的内容：一是培养目标的衔接；二是课程结构与体系的衔接；三是技能训练的衔接；四是职业素质的衔接。在中高职教学衔接的原则方面，大部分学者认为，正确定位培养目标是中高职教学衔接的前提，科学设置课程与合理确定教学内容是中高职教学衔接的核心，教学组织严格，教材教法创新是中高职教学衔接的保证。

课程设置方面，有研究者认为，关于课程设置目标，中职的课程设置目标应具体体现两大目标：一是就业和创业目标；二是升学和自学提高的目标。高职在课程设置目标上，一方面是为了学生在毕业后能有一个适合其发展的岗位，并能胜任且能不断提高和发展；另一方面，要充分考虑高职培养对象，注重与中职课程设置目标的衔接，体现课程设置目标的准确定位和针对性。关于课程设置模式，中职宜更多地采用学科中心模式，融合活动中心模式（实验、实习课程）和能力本位模式；高职则宜采用能力本位模式，适当融合问题中心模式（专业课与毕业设计课程）和学科中心模式，这样融合的结果，必将探索出一种较为理想的多元整合式课程模式。

4. 中高职衔接机制体制

有研究从国家层面建议建立职业资格证书体系，开发与各级各类职业资格证书相联系的培训包，构建起与普通教育和高等教育、职业教育与学位教育互通互建人才培养立交，有研究从政府层面指出管理体制的纵横阻隔造成中高职专业衔接的层级断裂和一体化体制的人为分裂，提升了有效衔接的成本和难度，建议结合职业教育综和改革试点工作与"现代职业教育体系"专项改革试点工作，理顺管理体制。有研究在中高职院校为一体的情况下提出了院系管理模式和中职部管理模式。院系管理模式是在管理体制上以专业为依据，在高职院校实施中职教育的管理模式，达到中职教育、高职教育管理"一体化"，是一种有效的中高职衔接模式。中职部管理模式是指在高职院校中建立完全独立的中职管理体系，但应该考虑中职教师队伍齐全和没有相对独立的教师队伍两种情况。有研究从试点经验出发，建议设立"中高职衔接教学委员会"制度，从中高职办学要素出发，形成双方在专业设置、培养目标、方案制订、课程建设、实习实训等的协商协同管理局面，为内涵建设找寻出一体化的科学发展的有效模式。有研究从企业需求层面出发，建议探索企业合作式中间学校模式。即建立介于中职与高职之间的综合性中间学校，目的是完善现代职业教育学制体系。

英国采用的是职业资格和普教文凭等值作用的机制。按照行业等级标准设置职业资格，通过国家职业考试机构和普教考试机构协商审定，并推行课程互通和学分累计制度，这种机制的建立就确保了中高职衔接的有效运转。

有学者研究了澳大利亚的技术与继续教育体系框架 TAFE，认识到其优点是实行学习与工作的终身多循环职教模式，基本特征表现在首先建立 12 级的国家认证资格框架 AQF，其次是职业教育与培训工作由行业统揽，三是灵活多样的证书培训模式。澳大利亚资格框架包括有高中教育证书的学校教育、有一种证书（部分资格）四级学历（一至四级证书）两种文凭（文凭与高级文凭）的职业教育与培训、有三种文凭（初级、高级与研究生）与三种学位（学士、硕士和博士）的高等教育。资格框架清晰，层级之间衔接紧密且互相认可和转换。

美国通过立法对职业教育发展与变革起到了基本的保障和推动作用。美国职业教育的法律文案有 155 个，在这些法案中，最引人注目的是政府对职业教育财政拨款和对社区学院学生资助的有关规定。据 1998 年全美教育统计中心资料，社区学院的经费来源：州政府 39.8%，学费 20.5%，地方政府 17.3%，PELL 基金 7.3%，其他联邦基金 5.9%，其他 9.2%，其中，学费只占社区学院总额的 20%。据统计，社区学院学生人均费用只是普通四年制大学学生费用的 50%，为研究性大学费用的 25%。正是充足的多渠道的经费推动着美国职业教育持续向前发展，同时保证了职业教育质优价低吸引着广大的学生。

5. 中高职衔接研究现状分析

我国的中高职衔接虽然起步晚，但由于国家的高度重视，近几年出现了大量的研究成果，但是大多处于对问题表象的反思和实践的初步探索阶段，具体研究领域表现在下几个方面：一是领域涉及广，缺乏相对集中的研究方向，且大都停留在初步探索阶段，研究成果尚不成熟；二是理论依据有所涉及，但没形成体系。从2010年以来国家出台了一系列规划、制度、政策，以2014年的《国务院关于加快发展现代职业教育的决定》（国发〔2014〕19号）和《现代职业教育体系建设规划（2014—2020年）》（教发〔2014〕6号）为代表。从研究论文的统计数据可看出，中高职（专业）衔接研究成为当今热点，这是此领域研究的好的方面，同时应该注意到，研究的时限并不长（从2000年到2015年），而且大多集中在近几年，理论依据还很不足，理论研究还没有形成体系；三是对于宏观和微观层面的研究相对较多，中观研究不足。研究或是从宏观教育体制的政策设计，例如对于国家职业资格证书与职业教育学历证书相互沟通机制的顶层设计等，或是局限于某一院校的某一专业的衔接沟通，往往会聚焦于课程、教材、单元模块的衔接，而从中观出发基于专业角度研究的相对较少。

通过查阅国外文献，笔者了解到发达国家的中高职衔接的研究状况。其中，英国的中高职衔接以课程教学单元的模块组合方式达到国家职业教育制度与职业文凭等值沟通的目标；法国的中高职衔接是采用课程分类法以及对中等职业教育毕业生通过补习课程达到高职学历标准，而不是用入学考试的政策规定办法来实现；澳大利亚运用国家职业资格框架的方式构建培训、职业教育与普通教育的资格立交达到中高职有机衔接；德国的鲜明特色是"双元制"，在此基础上中高职衔接采取综合性课程阶梯式衔接模式与循环上升的螺旋式学制衔接体系。

由此可见，发达国家中高职衔接的表现形式各异，但是对搭建国家制度框架进行中高职衔接都非常重视。采取的模式或是职教和普教文凭等值，或是通过补习使得学历达标，或是课程模块、大纲标准衔接。对于以专业为平台，进行中高职衔接的研究成果却较少见到。

三、中高职衔接现状研究

我国已经出台的如《国家中长期教育改革和发展规划纲要（2010—2020）》《教育部关于推进中等和高等职业教育协调发展的指导意见》（教职成〔2011〕9号）等政策文件中提到中高职在人才培养目标、课程、实践教学、教学条件等方面要加强衔接，系统设计课程与教材建设，制定课程标准等内容。因此，本书在培养目标、课程、教材、教学方式、学业评价、教学条件等方面调查了中职和高职教育的衔接现状，以期发现中职和高职在人才培养模式方面取得哪些成效、哪些地方需要进一步改进。

本书以应用电子专业为例，以成渝经济圈各高职院校和与之对接的中职学校为研究对象，综合分析中职和高职的教学管理者、专业课教师以及企业管理层人士和应用电子专业毕业生回馈的相关情况，调查成渝经济圈中高职应用电子专业中高职衔接现状；探析中高职应用电子专业中高职衔接存在的问题及原因。

1. 培养目标衔接现状

《教育部办公厅关于制订中等职业学校专业教学标准的意见》（教职成厅〔2012〕5号）中提到："中等职业学校培养与我国社会主义现代化建设要求相适应，德、智、体、美全面发展，具有综合职业能力，在生产、服务一线工作的高素质劳动者和技能型人才。"教育部在《关于推进高等职业教育改革创新引领职业教育科学发展的若干意见》（教职成〔2011〕12号）指出："高等职业教育具有高等教育和职业教育的双重属性，以培养生产、建设、服务、管理第一线的高端技能型专门人才为主要任务。"规定了中职培养技能性人才，高职培养高端技能型人才，对中、高职人才培养目标的定位与规格提出了不同要求，体现两级目标的层次性和递进性。

对比上述培养目标，可以发现中高职专业培养目标定位趋同，主要表现在两方面。一方面，培养目标定位不准确。有的中职学校还将目标定位于复合型人才，而复合型人才是多功能人才，能够在多个领域内从事工作，高等教育承担着培养复合型人才的职能，某些中职学校提到要培养复合型人才，既没有足够的时间，又不符合人才培养的规律。而一些高职学校培养目标定位单一，不利于复合型人才的培养。

另一方面，规格要求缺乏层次性。一些中职学校和高职学校虽然在职业理念、专业知识和技能等方面的表述不一样，然而在层次上并没什么区别，无法清晰地看出在职业岗位要求上中职和高职的差异性。

2. 课程衔接现状

在课程设置的衔接上，五年一贯制一体化设计，能够保证人才培养的层次性和延续性。"3+2"高职课程设置的内容相对比较科学，但由于与不同的中职学校对接，中高职院校对彼此的课程内容不了解，势必会导致课程设置的重复、脱节等问题。在课程设置的满意度方面，大部分学生对当前课程设置满意，但对课程设置非常满意的比较少。从课程内容上来说，高职阶段的课程内容与中职阶段相比，大部分学生认为区别"一般明显"，反映出中高职的课程内容有一定的重复。有部分被调查者明确表示，中高职课程存在重复现象，比如同样一门课程会存在时而在中职阶段开设，时而在高职阶段开设的情况，这意味着许多中职开设过的课程，到了高职还要重修。课程内容的重复还体现在课程名称上，几乎有一半的学生认为中高职课程名称"非常相似"或"比较相似"。

3. 教材衔接现状

教材是根据课程计划编制的，能够系统反映学科内容的教学用书，是教学活动的载体。中、高职学校选择适合本阶段学生需要的教材，能够保证课程内容的有效衔接。调查结果显示中高职教材内容有一定的重复，但重复的程度不是很大。

表 1.1 中高职教材内容的重复度（%）

培养模式	非常多	比较多	一般	比较少	非常少
"3+2"	0.60	3.70	37.70	37.70	20.40
五年一贯制	0.60	9.70	53.50	30.30	5.80

目前的教材内容对大部分学生而言难度一般，少部分学生认为教材内容对他们而言"比较困难"，这反映出目前所使用的教材只能适用一部分学生。

表 1.2 目前使用的教材内容对学生适用度情况（%）

培养模式	非常困难	比较困难	难度一般	比较容易	非常容易
"3+2"	0	30.90	60.50	7.40	1.20
五年一贯制	1.30	22.60	64.50	11.00	0.60

4. 教学方式衔接现状

丰富的教学方式和手段能够将枯燥、抽象的知识转化成生动、形象的内容，从多种感官刺激学生的思维，吸引学生的学习兴趣，调动学生的主观能动性，使教学事半功倍，因此在教学过程中教师要综合运用多种教学手段，营造良好的教学氛围。通过对教师的访谈了解到，中职教师运用的教学方法有讲授法、案例分析法和讨论法等，高职教师运用的方法主要有讲授法、案例分析法、直观演示法（图片、视频等）、观摩和讨论法等。教学手段通常采用多媒体手段，理论与实践一体。可见，与中职教师的教学方式相比，高职教师的教学方式更加丰富多样，理论上更能够满足学生的学习需要，达到更好的教学效果。进一步对学生进行调查，当问到"中职和高职在教学方法和手段运用上的区别"时，有学生反映的情况是：中职的教学方法太死板，高职更加注重学生的自主学习，教学方法相对灵活；中职没有太多的互动，高职稍多。总体上看，相比中职教育，高职教师的教学方式更加多样、灵活，学生比较喜欢高职教师的教学方式，中高职教学方式的衔接上不通畅，容易带来教学管理方面的问题。

5. 学业评价衔接现状

学业评价是对学生的知识和能力进行价值判断的过程，学业评价的主要目的是根据评价结果，帮助学生认识自己的优势和不足，激发学生的学习内驱力，更好地促进学生发展，也就是要体现出评价的诊断、激励和导向功能。但是通过调查发现，在评价方式、评价内容、评价主体方面，存在忽视评价学生学业过程的问题。

通过研究培养方案和对一些教师的访谈发现，中高职学校在评价方式上比较一致，理论课的评价多采用"平时表现+期末考试"的方式，学生课堂表现、课后作业、出勤等情况构成学生平时表现的分数，教师将平时讲课的重点归到一张试卷上，学生仅需考前记忆就可以顺利通过期末考试；技能课的考核主要采用技能考试、技能竞赛、作品展示等方式；实习的考核主要采用校内外指导教师共同评定成绩，学生上交实习报告的形式。在评价内容上，教师多专注对学生专业知识和专业技能的考核，而学校更注重专业情感与专业态度的评价，这说明学校注重引导学生对专业情感与态度的调节，有利于形成良好的专业认同感，教师还需要对其进行更多关注。在评价主体上，除了有个别中职教师反映采用学生自评作为辅助评价外，中高职学校主要还是由教师作为评价主体，很少以学生个人、小组等为评价主体。总体上，学生认为目前的考核方式能反映自己的真实水平。还有学生认为应增设的考核方式是读书报告、论文、随堂测试等，注重实践能力考核，注重自我评价、同学之间的评价；学业评价要更多注重平时表现和实践，不应太过注重期末考试。

这些情况从侧面反映出当前中高职的教学评价方式比较单一。教学的目的是为了让更多的学生更好地掌握所学知识，而考核的目的是检验学生接受知识的程度，并不是为了考倒学生。因此，根据学生的特点制定与之相适应的考核方式，减轻学生的心理压力和学习负担，让学生能充分展现自己，也是至关重要的。

6. 职业资格证书衔接现状

职业资格是对从事某一职业所必备的学识、技术和能力的基本要求，反映了劳动者为适应职业劳动需要而运用特定的知识、技术和技能的能力，反映了职业院校对人才培养目标及规格的界定。调查发现，无论是"3+2"模式还是五年一贯制，在职业证书方面的衔接都存在交叉、混乱的现象，从侧面反映出中高职人才培养目标在知识、能力、素质的定位趋同，将直接导致课程内容的重复。

7. 教学条件衔接现状

良好的教学条件是保证教学顺利进行的物质基础，2005年国务院颁布的《关于大力发展职业教育的决定》明确指出："中央和地方财政进一步加大职业教育投入，继续加强职业教育基础能力建设，改善职业院校办学条件。"然而，就调查情况来看，中高职专业实践教学条件和"双师型"教师资源还不能满足学生的需要。一方面，专业设施仍满足不了学生的专业发展需求和教师的教学需要，存在设施数量少，陈旧，利用率不足，学习环境差等问题。另一方面，既有丰富全面的专业理论知识，又有娴熟的专业实践技能的"双师型"教师资源离要求还有很大距离。教师资源的不足会影响教学质量和教学效果。

8. 校企合作现状

校企合作是一个长期的过程，也是职业教育最重要的环节之一。例如为了进一步摸清遂宁及成渝经济区电子企业的现状和校企合作共育人才的要求及困难，我校电子电气工程系从2011年开始，成立了调研小组，制定了调研计划，拟定了《应用电子技术专业用人单位调查问卷》和《应用电子专业毕业生调查问卷》，连续几年分别对遂宁的四川立泰电子、四川柏狮光电、遂宁云翔电子、四川明泰电子、四川深北电子、四川大雁科技、遂宁海英电子、成都燎原星光、南充三环电子、宁波启鑫能源等10多家企业和近50名高职应往届毕业生，近50名中职毕业生开展了跟踪调研，调研内容涉及职业院校对接产业、对接行业标准、对接企业生产过程情况以及中职毕业生和高职毕业生在企业的工作能力区别等。所调查的毕业生就业岗位分布及对目前所从事的工作的满意度如表1.3～表1.6所示。

表1.3 高职毕业生就业岗位分布表

岗位	一线生产制造人才					设计开发人才			管理人才	
	生产线装配	产品质检	生产线工艺	电子产品维修	生产设备维修	电路设计	电子产品开发	PCB板设计	管理部	人力资源
人数	15	2	3	4	19	1	2	0	2	2
百分比	30.00%	4.00%	6.00%	8.00%	38.00%	2.00%	4.00%	0.00%	4.00%	4.00%

表 1.4 中职毕业生就业岗位分布表

岗位	一线生产制造人才					设计开发人才			管理人才	
	生产线装配	产品质检	电子产品组装	电子产品维修	电子产品销售	电路设计	电子产品开发	PCB板设计	管理部	人力资源
人数	6	5	17	7	12	0	0	2	1	0
百分比	12.00%	10.00%	34.00%	14.00%	24.00%	0.00%	0.00%	4.00%	2.00%	0.00%

表 1.5 高职毕业生对目前所从事的工作的满意度

选项	满意	较满意	一般	较不满意	不满意
人数	8	23	13	6	0
百分比	16.00%	46.00%	26.00%	12.00%	0.00%

表 1.6 中职毕业生对目前所从事的工作的满意度

选项	满意	较满意	一般	较不满意	不满意
人数	3	13	15	16	3
百分比	6.00%	26.00%	30.00%	32.00%	6.00%

从调查情况看，高职毕业生从事一线的生产制造以及售后服务占有大部分，并且这一部分学生多数为毕业三年内的学生，而从事工程设计、管理的这一部分学生都是已毕业五年及以上的学生。由此可以看出，由于在校期间应用电子技术课程的学习，使学生能很快掌握并进入角色，因此大部分能胜任一线的生产制造，并且通过在企业的积累和学习，能够进入设计和管理部门。而从中职毕业生调研情况来看，超过 90% 的毕业生从事一线生产制造工作，其中 60% 的学生从事电子产品的销售和组装，只有 6% 的学生在毕业接近十年之后能进入设计和管理领域，这说明中职学生在企业的发展前景没有高职学生好。从学生对工作的满意度来看，超过 60% 的高职学生对目前的工作满意或较为满意。对工作较不满意的学生所占比例为 12%，这部分学生大都是在一线工作。而只有 32% 的中职学生对工作满意或较满意，较不满意和不满意达到了 38%，这与中职学生在企业的定位和发展前景相对应的，也表明了企业对学历的要求。

表 1.7　企业对与应用电子类专业相关的岗位及专业技能学历需求情况

学历 岗位	中专		大专		本科	
	数量	百分比(%)	数量	百分比(%)	数量	百分比(%)
电子产品生产线的技术员	2	33.33	3	50	1	16.67
电子产品设计辅助员	0	0	5	83.33	1	16.67
电子产品检验、品管员	3	50	3	50	0	0
产品故障检修、售后服务员	1	16.67	5	83.33	0	0
生产管理员	1	16.67	4	66.67	1	16.67
电子产品销售员	0	0	5	83.33	1	16.67

　　根据企业对与应用电子类专业相关的岗位及专业技能学历需求情况来看，企业对关键技术性岗位比如说电子产品设计辅助员、产品故障检修、售后服务员的学历要求基本上为大专学历，且需求量大，这说明大专学历的学生专业技术能力基本上已经达到企业的要求，理论知识比中专生丰富，有利于企业对学生的再培训，具有一定动手能力。

　　通过调查结果，将企业对毕业生所看重的基本素质和能力结果统计如表1.8。从统计结果可以看出，在基本素质和日常工作基本能力方面，企业最为看重的是毕业生能吃苦耐劳、有奉献精神和团队合作能力；在招聘中，最优先考虑的因素依然是职业道德而不是专业水平；专业工作能力方面，主要是电子设备常用仪器与仪表的应用能力，选创新能力的企业很少；从图1.1可以看出，在调查的十家企业中，有九家企业认为高职应用电子专业应届毕业生欠缺的能力是不能吃苦；对于我院毕业生而言，企业认为还应有较强的洞察能力、分析能力，很强的心理承受能力与心理调适能力。由此可见，职业院校在侧重于学生实践操作能力及专业技能的提升同时，还要培养学生良好的学习习惯，更主要是对学生加强职业道德训练，强化学生的敬业精神与责任心，加强其吃苦意识，使其树立终身学习意识。另外从目前就业情况看，企业对某些毕业生的职业道德和职业纪律还不够满意，企业希望得到环境适应能力强、技能水平高、上岗迅速的学生。而目前的职业教育模式出来的学生特别是中职毕业的学生，往往不能达到这样的要求，因此学生在上岗前企业还需花一定时间和经费对毕业生进行专门教育，才能把学校里面学到的东西转化为岗位技能，这个再学习的过程浪费了学生成才的时间，耽误了企业的用人效能。与此同时，在企业走访的过程中，调研人员听取了大量来自生产第一线的技术人员和管理人员意见，他们一方面充分肯定了我院毕业生有一定的实践动手能力、专业基础和专业知识比较扎实等。另一方面又表示目前应用电子行业急需思想道德素质较高，既掌握高科技知识又有熟练技能的从事电子设备安装、调试维修和具有电子技术应用能力进行技术改造及生产管理、营销等工作的复合型人才。他们表示，如果中高职能够有效地衔接，那么这些学生将会在思想层次、技能水平和能力拓展方面更符合企业的需要，也能进一步有效促进院校和企业之间的合作。

表1.8 企业对毕业生所看重的基本素质和能力

序号	项目	
1	企业聘用应用电子专业人才最优先考虑的因素	职业道德（忠于职守、服从调动、遵守制度）
2	企业认为应用电子技术专业从业人员应具备的基本素质	吃苦耐劳、有奉献精神；很强的自学能力、领悟与反应能力与创新能力；道德品质高尚；团结友爱、团队合作精神；良好协调与沟通能力
3	企业认为应用电子技术专业从业人员应具备的日常工作基本能力	团队合作能力；计算机使用能力；自我学习和自我管理能力；安全生产意识
4	企业应用电子技术专业从业人员应具备的专业工作基本能力	电子设备常用仪器与仪表的应用能力；小型电子产品设计开发能力；电子产品的组装、维护和制造能力（电子设备的安装、调试、检测的能力）
5	企业认为我校毕业生还应要掌握的能力	较强的洞察能力、分析能力；很强的心理承受能力与心理调适能力；外语能力

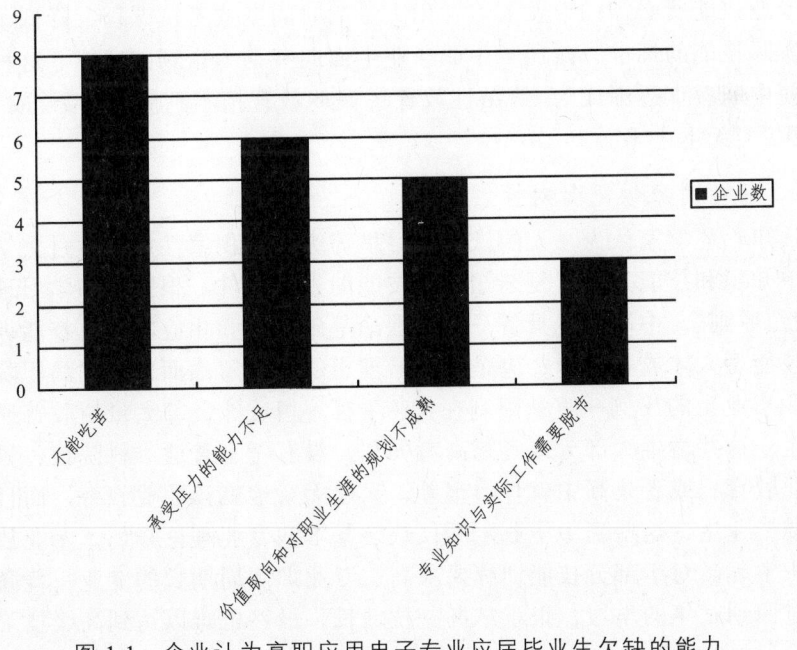

图1.1 企业认为高职应用电子专业应届毕业生欠缺的能力

第二节　中高职衔接问题分析

一、中高职招生考试制度衔接存在问题

1. 招生比例缺乏规模性

由于我国一直把中职教育定位于就业教育，中职升高职的比例一直被限制得很小。例如，1997年原国家教委就规定试点省市招收应届中等职业学校毕业生的规模，一般按国家教委、国家计委下发的《一九九七年普通高等学校和普通中等职业学校招生计划》（教计[1997]35号）中省（市）属普通高等学校招生计划数的3%安排；2006年，《关于编报2006年普通高等教育分学校分专业招生计划的通知》中又明确指出"各地安排高职院校对口招收中等职业教育应届毕业生的规模不得超过当年本省（区、市）中等职业学校应届毕业生的5%"。上述规定严重限制了我国中职学生对口升入高职的比例。与此同时，目前有些中职学校（尤其是职业高中）已经开始把对口升学作为吸引生源的法宝，甚至把升学率的高低作为评价中职学校教学质量、教师教学水平的重要标准；在教学内容上，以升学考试范围为标准，随意更改教学计划，增加教学内容；在教学思想和方法上，重基础，轻实践，减少或免掉了学生掌握专业技能所必需的专业实习，用大量的时间专攻考试课程，降低了专业课和实际技能的标准，减弱了中职毕业生面向劳动力市场的功能。这种结果只会使中职教育逐渐成为"终结性教育"，高职教育招不到优质生源，成为"无水之源""无本之木"。

2. 招生对象缺乏针对性

认知心理学家认为，人的认识学习呈等级性和积累性规律，过去学习过的简单知识和技能是学习复杂知识和技能的先决条件。根据认知学习理论的"准备性原则"，中职学生具备一定的理论基础知识和相应的专业技能训练，按照技能型人才成长规律，应是高职最理想的生源。然而，我国高职院校招收中职毕业生的比例一直被限制在5%左右。相反地，却大量招收普通高中毕业生。这些学生大部分或者是高考失利，没有考上普通本科院校，只能选择职业教育；或者是高中就学习很差，只能无奈地就读职业教育。而且相比于中职毕业生，这些高中毕业生不仅缺乏基本的专业理论知识，专业技能也得从头学起。对于部分技能训练要求高、专业训练周期长的专业，普高毕业生通过两到三年的学习，很难掌握一技之长，最终也难以达到高级技工的培

养目标。高职教育只体现在文化基础课的"高",专业技能只停留在中职阶段,这完全偏离了我国高职教育的培养要求。

3. 考评方式缺乏职业性

2011年,教育部在《关于推进中等和高等职业教育协调发展的指导意见》提出:"根据社会人才需求和技能型人才成长规律,完善职业学校毕业生直接升学和继续学习制度,推广'知识+技能'的考试考查方式。"并且中职教育是以职业能力为本的全面素质教育,培养的是具有直接就业能力的应用型人才,为了实现这一培养目标,各中职学校都十分重视学生实际动手能力的培养。职业教育的这种本质特征决定了教育质量的高低,主要反映在学生职业能力的强弱上。尽管当前我国各高职院校招生考试中也采用"知识+技能"的考评方式,但依然是"知识"考评,主要以笔试、知识性的考核为主,专业技能的考评只占小部分。此现象在一些省市较为突出。这种舍中职学生之长而考其短的做法不仅不利于高职院校挑选具有熟练技能的中职学生,影响中职学生升入高职的比例,也不能反映职教特长,不能全面衡量毕业生的质量,而且也难以突显职业教育"职业性、实用性"的特点。

4. 招考制度缺乏规范性

虽然当前我国高职院校采用五年一贯、对口升学、自主招生以及部分省市探索的多种招考制度并行的方式,但由于国家在这一方面缺乏相关的规范性标准,导致中高职教育仍没有实现真正意义上的衔接。

对于"3+2"模式,用抽考和转段考试相结合的方式,将招生考试与中职学校的教学紧密衔接起来,不但有利于减轻学生的考试负担,而且使中职教育的培养目标与办学方向不会受到干扰。但是考试的课程和内容必须与中职学校开设的课程和内容基本相吻合。这种做法,实际上是将招生考试内化为中职学校的考试;对于五年一贯制,初中生被高职学校录取,三年中职教育与两年高职教育的简单相加,就实现了中高职的直接衔接,并没有形成真正的一体化培养。而对口招生考试,随着招生院校和报考人员的增加,日益显露了不少问题:

第一,中职毕业实习时间与高职招生考试时间有冲突,中职学校多在第三学年第二学期安排毕业实习,而高职招生考试也在这一学期。实习时用人单位多把学生当作劳动力使用,学生实习时的表现,又直接关系到毕业时是否被录用,这样学生感到无所适从,要么复习迎考影响实习,要么完成实习放弃复习迎考,既影响中职生必要的实践技能的训练,又影响学生的考试成绩,很难两全其美。

第二，中职学校开设的课程与对口考试科目不完全相符；文化课、专业课和技能考核三者分值权重存在偏差。最主要的是，对口升学的中职学校为了提高升学率，不得不进行"应试教育"，在入学时就明确分为就业班和高考班，高考班的同学更多地学习与高考相关的内容，其他内容则忽略不学；就业班则为了提高就业率，忽略文化理论的学习，导致学生综合素质不高。

二、中高职专业衔接存在问题

1. 中高职专业大类与产业对接问题

中高职专业课程的设置调整与产业结构的变化有着密切的关系。专业的划分如果与地区的产业结构相符合，培养的人才就能满足市场需求；而如果专业的划分不能满足地区经济的发展，培养的人才就会因为找不到对口职业而失业，因而也不能推动地区经济社会的发展。根据我国《国民经济行业分类》(GB/T4754-2011)，我国三大产业的第一产业主要包括：农、林、牧、渔业四大类；第二产业包括：采矿业、制造业、电力、热力、燃气及水生产和供应业、建筑业六大类；第三产业分别有：批发和零售业、交通运输、仓储和邮政业……通过对中高职专业大类在三大产业分布所占比例的统计，发现中职专业大类在第一、第二、第三产业所占比例分别为 5.3%、31.6%、63.1%；高职专业大类在第一、第二、第三产业所占比例分别为 5.3%、36.8%、57.9%，这与《中华人民共和国 2013 年国民经济和社会发展统计公报》公布的产业增长值还存在一定的差距；由此推出，我国中高职专业大类的分布与三大产业的对应关系还有待进一步提高。

2. 中高职专业大类与职业对接问题

专业是高等学校、职业院校根据社会的职业、工作类别、学科以及整个社会经济社会发展水平而设置的学业门类。因此职业教育专业划分与调整也应以社会职业的分工为参考和依据。我国于 1999 年 5 月印发了《中华人民共和国职业分类大典》。此职业大典将我国所有的职业分为 8 个大类，66 个中类，413 个小类以及 1 838 个细类（职业）。其中第一大类包括国家机关、党群组织、企业和事业单位负责人；第二大类主要包括专业技术人员；第三大类则包括办事人员和有关人员；第四大类分别为商业和服务业人员；第五大类则为农、林、牧、渔、水利业等几类生产人员；第六大类包括生产、运输设备操作人员及相关人员；第七大类主要是军人；第八大类则为除了前七类的其他不方便分类的人员。从 2004 年 8 月 19 日到 2009 年 11 月 12 日，人力资源与社会保障部又先后分 12 批公布了 122 种新职业。通过对中高职专业目录与职业分类大典中的职业进行比照，目前我国中等职业教育专业目录的 321 个专业，高等职业教育专业目录的 532 个专业，基本能够与《职业分类大典》八个大类中的二、三、四、五、六大类中的职业对应。也就是说，中高职专业基本能够与职业对接。

3．中、高职专业目录对接问题

对于中高职专业大类的分析是从宏观上把握中高职专业衔接的方向，要想从微观上体现中高职专业衔接是否顺畅，则需进一步对中高职专业个数、专业名称、专业内涵等方面进行分析才更具说服力。首先是专业个数，从中高职专业目录的个数来看，中高职专业个数存在很大差距，中职有 321 个专业，高职有 532 个专业，相差 211 个专业。再例如属于第一产业的"农林牧渔大类"，中职有 32 个专业，高职有 38 个专业，相差 6 个。再者，对于专业名称，同属于某一大类的专业名称，有的专业名称完全相同，有的则不相同。后者是中高职专业内涵，理应是高职专业内涵包涵中职，也即高职学习内容是中职学习内容的提升与拓展。而现实中也出现中高职专业内涵交叉现象。中高职专业个数、名称、内涵等的不一致，都将影响到中高职的有效衔接。

三、中高职课程衔接存在问题

技能型人才的系统化培养不仅要求学习者本身掌握一定的专业基础知识，同时要求其培养的载体——中、高等职业院校建立起一体化的人才培养方案、课程体系等。通过问卷调查、深度访谈以及查阅相关文献资料等途径，笔者了解到目前中高职课程衔接体系的构建在课程模式的选择、课程目标的定位、课程内容以及职业资格证书等方面还存在诸多问题，并没有建立起中高职课程有效衔接的现代职业教育体系。

发达国家利用其优质的教育资源研究设计了成熟的课程衔接模式。相比于发达国家，我国中高职课程衔接由于各方面因素的影响与制约，还存在以下几方面的问题。

1．学科本位的课程开发模式

近十几年，为了响应国家改革职业教育课程的号召，各职业院校相继开发了核心阶梯课程模式、职业群集等多种课程形式。然而，由于我国中职学校大部分是通过普通高中转换而来，高等职业院校大部分也是由中职学校、高等专科学校转换而来,或者是普通高校开办的职业技术学院,所以无论是中职学校还是高职学校,深受普通教育的影响,没有完全摆脱学科本位的课程开发模式,仍然采用的是"三段式"的课程结构形式。刘春生老师在《职业教育学中》一书中阐述了"三段式"课程结构形式,其中中职课程的基本结构为文化课、专业课、实习课;高职课程的基本结构则为基础课、专业基础课和专业课,如下图 1.2 所示。

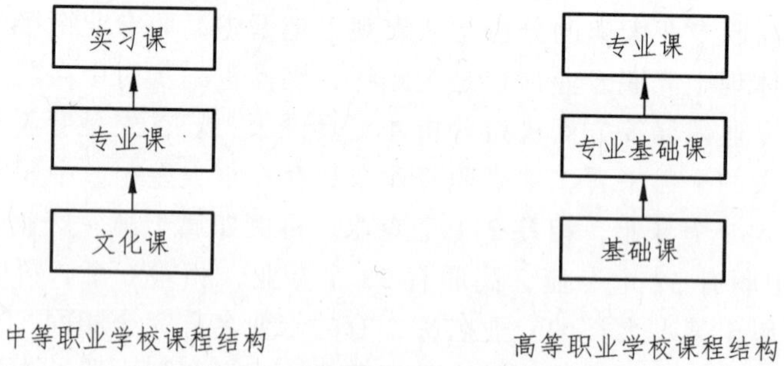

中等职业学校课程结构：文化课 → 专业课 → 实习课

高等职业学校课程结构：基础课 → 专业基础课 → 专业课

图 1.2　中高职课程结构对比

这种课程模式注重的是学科知识的系统性和逻辑性,对于理论知识的学习是非常有益的,但是在实际应用中,各学科缺乏联系,学生无法灵活、多样、综合运用各学科知识,无法解决工作过程中遇到的实际问题,容易出现重理论、轻实践,理论与实践脱节的问题,而且不利于中高职学生形成完整的技能培养体系。

2. 课程体系衔接出现问题

中高职课程衔接中高职教育衔接的实质就是二者课程相互承接相互分工以及不重复浪费的一种有机结合状态。对高职教育而言,无论是专业课知识的深度和广度,还是实践能力的性质和范围,都要比中职教育高一层次,然而,实际调查显示,中高职课程衔接情况却不容乐观。

（1）课程目标定位不清。

课程目标是人才培养目标的具体化,它首先回答的是职业教育最为关键性的"培养什么样的人"的问题。课程目标不仅是实现中高职课程衔接的第一步,同时也直接关系到职业教育人才培养的方向与人才培养的质量与规格。

中等职业教育与高等职业教育课程目标的衔接,不仅涉及其是否与职业教育课程目标的总体价值取向相一致,同时也涉及两个不同层次的职业教育在课程目标上是否前后相衔接。中等职业教育与高等职业教育是同一类型不同层级的教育形式,两者之间既有联系又有区别。课程目标是人才培养目标在课程领域的具体化，人才培养目标定位不清直接影响课程目标的实现。随着高等职业教育的不断发展，对高等职业教育教学规律的认识也得以逐步深化，同时社会对高职教育人才需求方向也更加明晰，高职教育的培养目标依然随之不断修改。2004 年教育部颁布的《关于以就业为导向，深化高等职业教育改革的若干意见》中提出"培养面向生产、建设、管理、服务第一线需要的'下得去、留得住、用得上'，实践能力强、具有良好职业道德高技能人才"，2006 年教育部制定的《关于全面提高高等职业教育教学质量的若干意见》（教高[2006]16 号）中又将高职教育的培养目标修改为"以服务为宗旨，以就业为导向，走产学结合发展道路，为社会主义现代化建设培养千百万高素质技能型专门人才"。我国中等职业教育与高等职业教育分属于不同的行政部门主管，这种中高职院校各自为政的局面导致其在制定人才培养目标时缺乏有效的沟通。如在国家相关政策中指出中职培养目标的定位是"高素质劳动者和技能型人才"；高职培养目标定位为"高素质技能型专门人才"。两者的定位显得模糊不清，难以区分边界。中等职业教育所谓的"高素质"与高等职业教育的"高素质"如何区分？高等职业教育高在何处？国家及省级相关政策文件中对中高职培养目标描述的模糊不清，导致中、高等职业院校在实际办学过程中定位不清，陷入尴尬境地。中等职业教育与高等职业教育培养目标的不衔接，也直接影响到中高职课程目标、课程内容、课程设置与课程评价等方面的衔接。

（2）中高职课程重复、脱节现象严重。

长期以来，中高职教育分属不同的部门管理，导致中高职培养目标不尽相同，加上职业教育改革相对滞后，其结果造成中高职课程重复、脱节现象严重。主要有以下表现。

其一，专业课程重复。对职业教育课程内容进行选择的最直接的依据为课程目标，人才培养目标在课程领域具体表现为课程目标。目前中等职业教育与高等职业教育培养目标定位的模糊不清直接反映在课程目标的定位上，从而导致中职与高职在课程衔接上存在诸多问题。目前，我国还没有制定中高职各专业相统一的课程标准，各地区、各学校根据各自的市场调研情况设置课程并制定相应的课程标准。同时，由于中职与高职分属于不同的教育行政部门进行管理，缺乏上层的宏观指导，出现管理不畅等问题，不可避免地出现课程重复。主要体现在：首先是课程科目的重复。一些中高职院校间的联系较少，没有统一的课程标准，分别根据自身需要设置专业，确定自己的课程体系与教学内容，专业课程的科目出现不同程度的重复现象。其次是课程内容的重复。从学生问卷反应的数据来看，中职与高职同专业在专业课程内容的学习上存在着较大的重复率。例如，在调查中有 45.59% 的学生表示在专业课程内容的学习过程中，会经常遇到所学课程内容与中职所学习内容相同或相似的情况，表示"偶尔遇到"的学生占 40.59%，表示"从未遇到"的学生数仅占总数的 13.82%。最后则是教材的重复。有学者选择中高职一门名称相同的课程进行比较，虽然两者使用的教材名称不一样，但是从内容上来说，其中高职教材有 65% 内容与中职教材重复。专业基础课是学生进行技能训练的理论基础与依据，专业基础课的高重复率，势必会影响到学生技能的训练，而且也容易造成中高职资源的重复建设与浪费，不利于中高职教学效益的最大化。

其二，文化课的脱节。在高职学习阶段，虽然也强调技能培养，但高职更强调技术应用能力，即能用相关理论解决生产实际问题的能力。要达到这一要求，就必须学习理论、理解理论、掌握理论才可能运用理论，而专业技术理论往往又建立在文化学科理论基础之上，因此，学生进入高职，他们渴望在高职阶段弥补这方面的不足，除顺利地完成学业外，确实能够让自己在未来的社会立足，并在工作上有所创新和发展。但是，目前高职开设的文化基础课程与中职入学的学生实际情况存在明显的脱节，"文化课程难学"已成为他们学习中最大困难。这主要因为高职院校的生源主要由中职生和普高生构成。由于二者培养目标存在巨大的差异性，导致这两类生源的文化基础差异性的出现。我国中职院校一直强调以服务为宗旨，以就业为导向，教育教学过程中更加注重专业技能的训练，对于文化基础课的教学通常以"必需、够用"为原则，加之我国中职的大部分生源来自中考的失利者，他们中的大多数文化课基础薄弱，所以中职所学文化相对简单。相反地，由于我国高职课程发展滞后，一直以来沿用的是本科院校学科本位的课程形式，而且由于当前高职大部分招收普高毕业生，普通高中以升入普通本科院校为导向，学生具有较为扎实的文化基础；因此为了顾及大多数学生的学习要求，在课程安排与设置上更多考虑的是普高毕业生，通常以普通高中毕业生为起点来开展教学，更加强调文化课的深度与广度。这就导致中职与高职的文化基础课程在课程设置上无法实现统一性与连贯性。因此，中职学生进入高职院校后，学习文化课普遍感到吃力。例如《高等数学》的第一章是"集合"，普高学生在高中阶段已经学习一部分，而中职学生在学习阶段却没有涉猎。文化课的脱节，不仅影响学生学习其他课程，而且也影响学生学习的热情与积极性。在调研过程中，教师普遍反映中职毕业生进入高职后感到文化基础课程学起来吃力，甚至存在断档、脱节现象，特别是在英语、数学等课程的学习上。

其三，专业技能"倒挂"。学习专业技能课是职业教育与其他类型教育的本质区别。中高职衔接的课程目标应该呈现"能力递进"的状态。能力递进指的是学生在中职、高职能获得相同或相近职业领域的能力，但高职获得的职业能力水平要明显高于中职。也就是说，标志着职业教育教育水平的专业技能课，高职应具有更高的层次水平。但是现实中，我国中职更注重技能的培养与训练，学生技能掌握更扎实熟练，而高职发展相对不够成熟，部分高职院校限于实习、实训条件限制，难以体现高职高技能的要求，有的学校技能训练甚至不如中职，因而出现专业技能"倒挂"的现象。

3. 高职课程难以满足不同生源学习需要

我国高职院校的学生大致分为两部分：一部分是普高毕业生，另一部分则是中职毕业生。由于高中阶段教育背景、培养方式、学习要求、课程安排的差异，生源结构的多样性与复杂性成为制约我国中高职课程有效衔接的重要因素之一。首先，高职课程设置难以满足两类学生的学习需要。由于我国中职教育和普通高中的培养目标不尽相同，致使二者的课程体系也不相同。普通高中主要以学习文化课为主，相关专业课的学习为辅，而且其对于文化课学习的深度与广度都要求较高。相反地，中职教育的课程则主要以学习专业课为主，文化课的学习则更多是为了辅助专业课的学习。因此，由于两类生源学习背景的不同，常常会使高职课程难以选择，导致中高职课程难以衔接。其次，高职课程形式缺乏灵活性、多样性，难以满足学生的选择需求。高职招收不同类型教育的学生，在国际上也是有先例的。国外的高职教育针对不同类型的学生提供了不同的入学标准，开发了多种多样的课程模式。例如美国的社区学院为不同类型的学生开设了400多种课程。近些年，我国高职教育也意识到不同生源的差异性，虽然没有针对不同生源开设多种可选择的课程，但也尝试建立弹性学分制来应对不同生源的课程选择需要。然而，由于缺乏理论支撑和成功经验，效果甚微。

4. 中高职课程衔接缺乏基础环境

发达国家利用其充足的教育资源，先进的教育理念等方面所具有的优势为课程的衔接创造了良好基础。对比而言，我国职业教育由于各方面条件尚不完善，缺乏中高职课程衔接的基础。首先，传统学科本位的课程开发形式影响较深。在理论上，我国也试图开发反映职业教育特点与规律的课程体系，然而在实际操作中，却又习惯性的按照课程目标、课程内容、课程实施、课程评价的课程体系进行开发，课程开发理念仍难以摆脱学科本位的思想。其次，我国职业教育课程发展尚不充分，缺乏层次性、递进性。我国普通教育，每个学科在不同阶段都具有不同的学习内容，并且也形成了相互连接而又彼此独立的课程体系。例如，我国普通教育的数学课，从小学到大学，每一阶段的学习内容都彼此独立，同时，每一相邻阶段又都相互衔接，课程内容层层递进，低阶段是高阶段的基础，高阶段是低阶段的延伸。相对而言，我国中高职教育由于培养目标层次不一，专业口径不一，课程缺乏整合性与连贯性，增加了课程衔接的难度。最后，我国中高职课程衔接缺乏适合的理论支撑。一直以来，我国中高职课程衔接大都是引进或效仿发达国家课程衔接的做法，其并不完全适用于我国课程衔接的实际操作，而我国对于适用于中高职课程衔接的理论一直在研究与讨论中。因而，缺乏相关的理论支撑，增加了中高职课程衔接的艰巨性。

5. 职业资格证书不衔接

建立统一的职业资格制度是实现中高等职业教育有效衔接的前提，同时也是明确培养目标定位的出发点。自 1994 年开始，我国开始在全国范围内逐步推行与国际职业资格相接轨的国家职业技能资格证书制度，到现在为止，我国已在一千多个职业领域内开展职业技能鉴定的工作，职业资格证书已逐步成为人们就业的"通行证"。调研过程中，笔者了解到很多中高职院校均已实行"双证书"制，但"双证书"在实施过程中受到各种因素的影响，其效果并不显著。中、高等职业教育作为具有一定层级性的同源教育，在职业资格证书的考取上并没有明显的区分。

6. 课程衔接认识不够

近年来，政府颁布了诸多政策文件强调要建立中高职相衔接的现代职业教育体系，课程衔接作为实现中高职衔接的核心与突破口而受到各界重视。目前，许多中、高职院校也在尝试通过一体化人才培养方案的设计、一体化课程的设计等方式来实现中高职课程的衔接。但通过调查发现，许多一线教师对中高职课程衔接的了解并不深入，如在被问及"如何看待中高职课程衔接""如何进行中高职衔接"时，多数教师都认为中高职课程衔接非常重要，但却难以说明为什么重要。脱离一线教师，中高职课程衔接难以实现，因此需要教师正确而深入把握中高职课程衔接的内涵。

四、影响中高职衔接的主要因素

1. 职业标准的缺陷

工作岗位的层次性体现于不同工作岗位所涉及的工作领域有所不同；或

者所需完成的工作任务的复杂程度有不同；或者对职业能力要求的水平有不同。而不同工作岗位的工作领域、工作任务以及职业能力应是由职业标准来描述。即，国家职业标准是根据职业活动的内容，对从业人员工作能力水平提出规范性要求。事实上，职业标准，尤其是国家层面的职业标准是中高职培养目标区分的关键依据（如图1.3所示）。

图 1.3　工作世界与职业教育的关系

根据前期调研，笔者发现当前只有部分职业院校遵循国家职业标准，而多数学校是根据学校自有的校企合作资源，自行制定本校的职业标准。通过对国家职业标准的研究发现，多数职业院校确定培养目标不以国家职业标准为准绳的主要原因在以下几个方面。

（1）国家职业标准覆盖率不高

截至2009年，人力资源和社会保障部共发布了12批，共计122个新职业，职业总数达2005个，已颁布国家职业标准的907个，占其中45%，远低于国外职业标准的覆盖率。从某种程度上说，国家职业标准尚未覆盖我国现有的全部职业，某些职业或者某些职业的不同层次的工作岗位尚未有国家职业标准。也就是说，部分职业院校是无法依据国家职业标准为人才培养目标的定位把脉。

（2）职业标准描述不够详细

目前的国家职业标准仅是对职业、工种、基本要求、工作要求等进行了粗略描述。而对该职业、工作任务、知识、技能与工作、能力、所需要工具、职业具体活动、工作内容、素质、工作价值、职业兴趣、工作风格、职业前景、薪水水平都没有涉及，这样的描述就使得职业的层次性就不能得到凸显，对行业企业职业当前和未来需求估计不足，那么，这给中、高职职业教育带来最大的问题就是中职、高职培养目标界限不清楚。

（3）职业标准实时性有待提升

国家职业标准的制定与更新缺乏周期性评估与研究，那么这在一定程度上导致了国家职业标准制定的科学性、规范性不足。众所周知，随着产业升级，科技进步，各行各业的职业发展日新月异，尤其技术的升级换代将打破原来工作岗位的层次性，重构工作岗位内部层次的划分，如果职业标准不能紧跟时代的脉搏，没有定期的职业标准更新机制，将使大批的职业标准束之高阁，如果职业院校按照陈旧的职业标准来指导人才培养目标的确定，对于学校而言，其危害性是巨大的，这将意味着职业院校学生所学的知识、技能是落后于行业、企业发展需要的，那么，在这样职业标准的指导下，职业院校的学生毕业后是没有竞争力的。

（4）职业标准可获得性差

职业标准事关个人生涯发展，事关行业、企业对员工工作职责的确定，事关学校人才培养目标的确定，需要公开、透明。但是，我国有关职业标准的网站在职业标准可获取性方面做法欠佳。有关职业标准的全文不是面向所有公众、学校，而是需要授权才能打开。这在某种程度上导致职业标准不能顺畅地指导职业院校培养目标的确定。

（5）缺乏专业化机构支撑

国家职业标准的制定机构是由人力资源和社会保障部发起，由国家职业分类大典和职业资格工作委员会承担，由劳动和社会保障部（现"人社部"，国家质量技术监督局、国家统计局、教育部职成司，以及国务院的多个部委（局）等组成。从委员会的组成看，国家职业标准的制定缺乏专门化、专业化机构的支撑，行业企业话语权不足，职业标准能否切实体现行业企业的现实需要还有待商榷。

2. 人才培养目标定位不准确

（1）职业教育标准体系不健全

当前，国家层面的职业教育标准尚未出台，但个别省市已经逐步开展中等职业教育专业教学标准开发工作。据了解，部分高职也在开发校本层面的专业教学标准，由于未得到统一的认定，各个高职开发的专业教学标准良莠不齐，且缺乏与中职专业教学标准的互动，导致中职、高职专业教学标准不能有效衔接，影响了中职、高职课程体系的衔接性。值得一提的是，教育部已经注意到从专业教学标准层面促进中高职课程衔接的重要性。根据教育部2012年颁布的《关于借鉴国外先进经验开展职业教育部分专业教学标准开发试点工作的通知》（教职成司函〔2012〕86号）要求，当前，部分省市正全力着手开发具有国际水平的职业教育的专业教学标准，以确保职业能力要求与发达国家同行业的职业能力要求相对接。这说明，教育部已经意识到开发具有国际水平专业教学标准的重要性，这将成为未来中职、高职课程体系衔接的关键。

（2）"一体化"课程设计理念不深入

通过前期调研发现，在"一体化设计"（中高职贯通）衔接模式中，中、高职教师在设计课程体系时，尚不能深刻理解"一体化"课程设计的实质内涵，主要表现就是部分教师课程设计理念仍然是"中职课程体系""高职课程体系"；尽管部分中、高职院校有各自的专业教学标准，中高职课程体系就依据了现有的各自专业教学标准，构建中高职贯通的课程体系。这么做，表面上是做到了基于专业教学标准和课程标准构建中高职贯通的课程体系。事实上，由于基于原有的中职课程标准，所指向的是中职的培养目标，同样，原有的高职课程标准所指向的高职的培养目标，所以，两者的课程标准仍然是"分段"的，而不是"一体化"设计的思路。只要这种隐性非一体化课程的理念仍然存在，中高职课程体系就难以做到真正的"一体化"设计。

（3）课程标准不完善

目前国家尚未有统一中职、高职的课程标准出台，部分中高职院校也并未根据职业能力对课程进行分层。而分层的关键依据又在于之前所提及的不同层次工作岗位所具备的职业能力。如果中职、高职培养目标定位重复，那么，就会导致职业能力的趋同，进而导致中高职课程内容的重复。另一方面，也导致中职、高职教师在教学过程中缺乏教学内容深度的依据，尤其是面对同一教学内容，不能准确把握教学尺度，从而造成在中高职课程内容的设计中缺乏层次性。

（4）课程评价缺乏层次

根据调研的结果，有教师称，无法准确把握和判断把同样的教学内容如何传授给中职、高职或是中高职贯通的学生。事实上，教师无从把握和判断传授给学生教学内容的一个重要原因就是，针对于不同层次（中职、高职）的课程评价标准尚未形成。有研究总结了评估高层次职业能力所需注意的：一是要注重能力整体性的评估；二是要注重能力复杂性的评估；三是要注重对知识及理解水平的评估；四是注重变换工作情境的评估；五是要注重对态度、职业道德和价值的评估。由此可见，即使是同样课程内容，可以通过不同评估的侧重点来体现课程内容层次性以及培养目标的层次性。对不同职业教育层次采取不同侧重点的评估是符合学生身心发展规律和学习规律的。比如，对中职层次的学生在技能掌握上，更加强调操作技能的娴熟度，中职段学生年龄比较小，应根据其心理发展水平，评估其技能熟练程度的掌握。而针对高职层次的学生而言，需要更多的是对其智慧技能测量，比如，高职生能够应对工作情境中相对复杂问题的解决，能否预估出问题出现的可能原因等方面。

3. 中高职衔接中的制度保障欠缺

（1）国家层面

负责中职、高职管理的行政管理部门为实现高素质、高技能人力资本的积累，以及满足产业经济发展的需要，从而出台各种政策措施，确保中职、高职顺利衔接。比如，教育部《国家中长期教育改革和发展规划纲要（2010—2020年）》提出的"形成适应经济发展方式转变和产业结构调整要求、体现终身教育理念、中等和高等职业教育协调发展的现代职业教育体系"。但在管理层面如何落实这一政策，这就涉及中职管理部门和高职管理部门的通力合作，即，形成中高职管理层面的衔接，这时中职、高职管理部门就需要统筹协调，共同管理中高职衔接中存在的问题。就目前而言，高职高专处自2010年划归职业教育与成人教育司，有力地促进了中职、高职管理层面的衔接。但是，职成司对于中职、高职的统筹管理仍然有一段路需要走，其主要原因在于：一是教育部并未对职成司中职、高职的统筹管理颁发任何文件，来统筹中职、高职的管理。二是尽管在国家层面中职、高职已经走向共同管理，但是在地方层面上的中职、高职的统筹管理方面仍然需要时间磨合和相关的制度建设。根据调研结果发现，由于中职和高职不同管理归属问题，在一定程度上阻碍了中职、高职院校的衔接，这也有可能导致中职、高职教育按照各自的目标发展，造成了职业教育整体目标割裂，使得中、高职教育难以遵循职业教育体系本身的发展规律，使中高职教育发展缺乏内在协同性，从而导致中、高职教育发展的不协调。

（2）中高职院校层面

中、高职职业院校在中高职衔接的利益相关者系统中，主要的利益诉求来自两个方面：一方面为谋求学校本身的发展，实现各自的组织利益，比如，中职学校以"中高职衔接"为学校特色，以吸引生源。另一方面，通过中高职衔接，实现为社会输送高技能人才，从而提升其学校的价值和社会地位，提升职业教育吸引力。当中高职衔接中的中职和高职院校的利益诉求出现不一致时，就会出现中高职不衔接的风险。根据调研结果发现，在中高职衔接的中高职院校当中，部分中职院校表现出极大的热情，原因在于希望通过"中高职衔接"来吸引生源，形成学校办学模式多元化的优势；而部分高职院校则对中高职衔接态度冷淡，甚至已经签署了"中高职衔接协议"的高职院校在衔接实践中并未发挥应有的作用。高职未发挥应有的作用，在某种程度上来说，原因是多样的，比如，中职和高职缺乏定期的、深入的沟通机制，造成了中高职衔接表面化，不深入的问题。从职业教育制度利益相关者理论的角度而言，在院校层面，造成中高职不衔接的原因如下。

一是"中高职衔接"后，高职的利益有可能受损，尤其是在"中高职贯通"，"中高职贯通"的招生名额挤占了高职原有的招生名额，且"中高职贯通"的高职段变成两年，比原来减少一年，这就可能会损害高职的利益。当这种情况出现时，又缺乏相应的制度确保高职利益时，高职参与"中高职衔接"的积极性必然降低，这就会导致中高职衔接的不畅；

二是在"中高职衔接"中，中职、高职院校衔接乏力的另一个原因是"中高职衔接"项目经费不足。事实上，"中高职衔接"是高技能人才培养模式的创新，既需要理论方面的研究，也需要实践方面的探索。根据调研结果表明，参与中高衔接中的中高职院校花费了大量的人力、物力、财力开发适合中高职衔接的专业教学标准、课程、教材等，在这个过程中，配套经费是必要的，这样才能减轻参与"中高职衔接"院校的经济压力，以便其更好地参与到中高职衔接的过程中来。

三是通过调查发现，目前中职院校与高职院校教师之间的沟通交流机会较少，许多高职院校的教师并不了解学生在中职阶段所学习的课程，甚至忽略学生在中职教育阶段已有的专业基础，授课过程中完全按照普通高中的标准进行。很多教师反映不同学校之间沟通的机会比较少，只有少数专业骨干教师通过参加会议、考试出题等途径获得与其他院校教师沟通交流的机会，实践中并没有专门化的学术或者教育教学经验交流的机会。一些中高职院校在学生的升学方面有所合作，但是对于人才培养方案、课程标准的制定并没有实质性的合作，通常是由高职院校制定之后交给中职院校执行，而对于执行情况不再过问。

（3）学生层面

在中高职衔接的利益相关者系统中，学生渴求能够获得公平的教育机会，能够选择适合个人发展需要，且能促进自身的职业生涯的可持续发展。而与学生层面的中高职衔接中的利益诉求相关的制度，主要体现为：招生制度和生涯发展指导制度，存在的利益诉求的冲突包括以下三个方面。

一是现行的对口招生制度体现了中职生的升学利益诉求与职业院校对入学标准的利益诉求的差异。对于中职生而言，对口招生考试内容职业教育特色不明显，使一些技能优秀而普通文化课知识薄弱的中职生在考试中处于劣势。根据调研发现，对口招生考试中，中职生文化课是否达到最低录取控制线是进入高职院校的关键，而专业课成绩则作为文化课控制线之后的参考。

二是中职生想要获得平等接受高等教育机会的利益诉求与高职面向中职生的招生限制的冲突。由于中职生参加高职院校的考试机会受限等方面阻碍了中职生进入高职。

三是学生获得符合个人发展特质，实现生涯可持续发展利益诉求与生涯发展指导制度缺失的矛盾。在"中高职贯通"的招生中表现尤为明显，进入中高职贯通专业的学生要在该专业学习五年的时间，该学生个人条件和兴趣是否适合该专业是学生能否坚持五年的关键。由于缺乏必要的生涯发展指导制度，长学制下，学生的学习动力可能难以保持。根据调查发现，某专业中高职贯通的学生在第二学期的学习热情较之第一学期有一定程度的下降。

（4）企业层面

在中高职衔接的利益相关者系统中，企业的利益诉求是能够雇佣到高技能的、高素质的劳动力。中高职衔接中，企业的利益诉求是否得到满足主要取决学校能否培养出符合企业诉求的高技能人才。这需要满足两方面的要求。

一是学校选定通过长学制培养的专业人才能否满足企业的需要。以"中高职贯通"为例，中高职院校选定中高贯通试点专业时的利益诉求，可能会选择本校的重点专业或者强势专业，这些专业显然能够满足学校自身发展的需要，却不一定充分考虑企业对该专业长学制的人才的需求。因此，通过制定严格的审核制度，确定职业院校长学制培养出的人才确实为企业所需十分必要。

二是学校通过"中高职衔接"所培养学生的职业能力是否能达到企业用工的标准，或者说企业的用工标准能否在学校课程层面得以体现。当前，部分国家职业标准不能反映企业的用工标准，也难以指导学校层面培养目标的制定，那么，在制度层面，如何保证行业、企业在国家层面职业标准的话语权变得尤为重要。

第二章
中高职衔接人才培养模式

"模式"一词是英文 Model 的汉译名词。Model 还译为"模型""范式""典型"等。一般指被研究对象在理论上的逻辑框架,是经验与理论之间一种可操作性的知识系统,是再现现实的一种理论性简化结构。最先将"模式"一词引入到教学领域,并加以系统研究的人,当推美国的 B.Joyce(乔伊斯)和 M.Weil(韦尔)。在《辞海》中对"模式"的解释是"可以作为范本、模本、样本的样式。"换言之,就是人们可以借以进行模仿的样本。

"人才培养模式"是指在一定的现代教育理论、教育思想指导下,按照特定的培养目标和人才培养规格,以相对稳定的教学内容、课程体系、管理制度和评估方式,实施人才培养教育的过程总和。在目前学术文献中解释有 10 余种,这就需要对其两个核心词"人才培养"和"模式"进行分析。"人才培养"就构成要素上来说,包括培养目标(规格)、培养过程、培养制度、培养评价四个方面组成,它从根本上规定了人才特征并集中体现了教育思想和教育观念。它具体包括培养目标和规格、为实现一定的培养目标和规格的整个教育过程、为实现这一过程的一整套管理和评估制度、与之相匹配的科学的教学方式方法和手段四个方面的内容,包括以下几层含义。

(1)人才培养模式是建立在一定人才培养思想或理论基础之上的,可以把人才培养模式看成是某种人才培养思想或理论的应用化、具体化、操作化。

(2)人才培养模式并不是唯一的,作为人才培养的标准形式(或样式)是相对于同一人才培养思想或理论指导下的其他人才培养形式而言的。建立人才培养模式的人才培养思想或理论不同,人才培养模式就会不一样。

(3)人才培养模式是较为稳定的人才培养活动结构框架和活动程序。这种结构框架和活动程序人们可以效仿。

(4)人才培养模式具有规范性和可操作性。

上述关于人才培养模式的界定，是从不同的角度出发作界定，并在一定程度上反映了人才培养模式概念的基本内涵。人才培养模式即人才培养的标准形式或使人可以推广借鉴的人才培养标准样式。

第一节　职业教育人才培养模式现状

一、职业教育内涵及人才培养目标定义

1. 职业技能型人才种类及区别

现代职业教育培养目标为职业技能型人才，主要包括工程型人才、技术型人才和技能型人才。三类人才的区别主要表现在：

（1）在职务内涵上，他们承担不同的工作任务。工程型人才主要负责设计、规划、决策以及新技术的研究与开发；而技术型人才主要从事技术应用和现场实施。美国普度大学 W. K. 雷保德（W. K. Lebold）教授的区别界定为工程师是产品、生产过程或工程系统的开发者或设计者，应用数学和基本理论来解决工程技术问题是他们的典型工作；技师是一个典型的工程实践者，他们关心工程原理如何应用于实践，如何组织生产人员从事生产准备工作和现场操作，专注于维护和改良生产设备、生产过程、加工方法和加工程序。

（2）在人才的层次上，专业技术型应用人才分为高级、中级和初级。

（3）在专业类型上，按产业划分为从事物质生产性（第一产业和第二产业）、非物质生产性（生产性和非生产性服务业）以及知识生产性的人才（专利、研发、软件开发以及基础理论研究等）。

2. 职业技能型人才定位

2007年劳动和社会保障部公布的《技能型人才培养体系建设"十一五"规划纲要》，对"技能型人才"特别解释为"技能型人才是在生产、运输和服务等领域岗位一线的从业者中，具备精湛专业技能，关键环节发挥作用，能够解决生产操作难题的人员"。

职业教育的本质是以"技术技能"为导向的一种教育类型。"技术技能"导向性是职业教育的本质属性。在《国家中长期人才发展规划纲要（2010—2020年）》中指出专业技术人才队伍发展目标：适应社会主义现代化建设的

需要，以提高专业水平和创新能力为核心，以高层次人才和紧缺人才为重点，打造一支宏大的高素质专业技术人才队伍。到2015年，专业技术人才总量达到6 800万人。到2020年，专业技术人才总量达到7 500万人，占从业人员的10%左右，高级、中级、初级专业技术人才比例为10：40：50；高技能人才队伍发展目标：适应走新型工业化道路和产业结构优化升级的要求，以提升职业素质和职业技能为核心，以技师和高级技师为重点，形成一支门类齐全、技艺精湛的高技能人才队伍。到2015年，高技能人才总量达到3 400万人。到2020年，高技能人才总量达到3 900万人，其中技师、高级技师达到1 000万人左右。

3. 职业教育人才培养模式定位

"工学结合、校企合作、顶岗实习"的模式，成了我国职业学校，尤其是中、高职院校毕业生高就业率的秘诀。在《国家中长期人才发展规划纲要（2010—2020年）》中指出创新人才培养模式。适应国家和社会发展需要，遵循教育规律和人才成长规律，深化教育教学改革，创新教育教学方法，探索多种培养方式，形成各类人才辈出、拔尖创新人才不断涌现的局面。

中高职学校应倡导启发式、探究式、讨论式、参与式教学。帮助学生学会学习，培养学生自学能力；激发学生的好奇心，培养学生的兴趣爱好；营造独立思考、自由探索、勇于创新的良好环境。适应经济社会发展和科技进步的要求，推进课程改革，加强教材建设，建立健全教材质量监管制度；深入研究、确定不同教育阶段学生必须掌握的核心内容，形成教学内容更新机制；充分发挥现代信息技术作用，促进优质教学资源共享。

坚持教育教学与生产劳动、社会实践相结合。开发实践课程和活动课程，增强学生科学实验、生产实习和技能实训的成效。充分利用社会教育资源，开展各种课外及校外活动。加强学生社团组织指导，鼓励学生积极参与志愿服务和公益事业。

关注学生不同特点和个性差异，发展每一个学生的优势潜能。推进分层教学、走班制、学分制、导师制等教学管理制度改革。建立学习困难学生的帮助机制。

二、中高职衔接人才培养模式存在问题

职业教育是教育本身发展的需要。特别是进入新世纪之后，我们教育取得了巨大的成就，实现了两大跨越和一个突破，所谓"两大跨越"，第

一个跨越就是我们实现了普及九年义务教育，第二个跨越，我们的高等教育进入了大众化的阶段。在《国家中长期人才发展规划纲要（2010—2020年）》中国家已将职业教育发展的重心从扩大规模为主转为以提高质量为主。学术型、应用型人才主要由研究生和本科层次的普通高等教育来培养，而职业型人才则主要由职业技术教育特别是高（中）等职业技术教育来培养。

原教育部副部长周远清对人才培养模式概念做出过阐述，他认为所谓的人才培养模式，实际上就是人才的培养目标和培养规格以及实现这些培养目标的方法或手段。现在段在高（中）等职业技术教育中出现"倒挂"、与实际生产脱节的等情况现象较为普遍，主要是人才定位目标与人才培养模式存在问题。

1. 思想观念缺乏科学性

与社会上普遍存在的重普通教育，轻职业教育；重学历教育、轻职业培训；重普教升学率，轻职教就业率等现象。一些职业院校办学定位不准，追求规模而轻质量，无专业优势与特色；有些院校重视应试性的理论教学，加大文化基础课程的比重，压缩实践教学课时；有些院校办学思想封闭，不主动与行业进行对接，人才培养与行业、企业结合不紧密，导致毕业生职业技能不高，就业适应能力不强。

2. 专业设置缺乏适应性

高（中）职教育具有教育及社会的双重属性，其人才培养工作既要遵循教育规则，又要适应社会发展需要。由于专业设置缺乏对市场需求的监测，造成了专业设置的盲目性和"跟风"的现象，也带来了专业结构与地方经济社会发展需求脱离。学生毕业后工作难找，专业就业率与专业对口率低。

3. 课程体系缺乏职业性

高（中）职业人才培养目标主要是通过课程教学得以实现的。由于我国高职教育发展还不成熟，故长期以来其课程多以沿袭传统教育为主，或是本科（专科）课程的"压缩型"，突出专业的"学科性"而轻视"职业性"。

4. 师资队伍缺乏实践性

随着近几年的分流、扩招和单招，高（中）职院校规模与数量急剧扩大，教师规模也迅速增加。许多教师来自原普高、中职、中专或大专等学校通过短期培训转型或者是刚从高校毕业的年轻教师，前者一般水平与综合素质偏低，后者大多缺乏实践能力和职业训练。

第二节 岗位能力体系构建

一、专业岗位调研分析

为使应用电子技术专业人才培养更好地适应区域经济建设和社会发展的需要，全面摸清遂宁及成渝经济区电子企业的现状和人才结构需求，把握行业动态，准确瞄准职业岗位，我院电子电气工程系成立了专题调研小组，分别采用走入电子企业访谈、召开企业管理人员和工程技术人员座谈会（或研讨会）、跟踪近10年的毕业生的工作情况并进行问卷调查、走访相关高职院校等方式进行广泛、深入的调研。我们回收了1 000余份调查问卷，总结并形成了《遂宁市电子人才培养校企合作调研报告》《应用电子专业毕业生调查问卷统计、分析报告》《应用电子技术专业发展趋势与方向调研报告》《专业带头人企业考察调研报告》等。

通过调查研究、广泛咨询、听取建议、专家指导等多种方法，调查人员深入、细致地进行了应用电子技术专业中高职衔接能力体系构建的分析、研讨，把准中高职、应用本科各段的职业面向，准确定位各段的培养目标，为"分段实施、分层教学"提供重要的理论依据。

1. 就业岗位调研

应用电子技术专业中职教育主要培养目标是面向电子产品制造一线的电子产品装配、调试、维修、检验及生产设备操作人员。应用电子技术专业中职学生的就业岗位群主要为电子及相关企业生产线上的装配工、调试工、检测工、维修工以及一般的管理员工等，通过对遂宁、成都平原经济区、成渝经济圈的电子信息类产业调研分析，中职毕业生其主要就业岗位如图2.1所示、高职毕业生其主要就业岗位如图2.2所示。

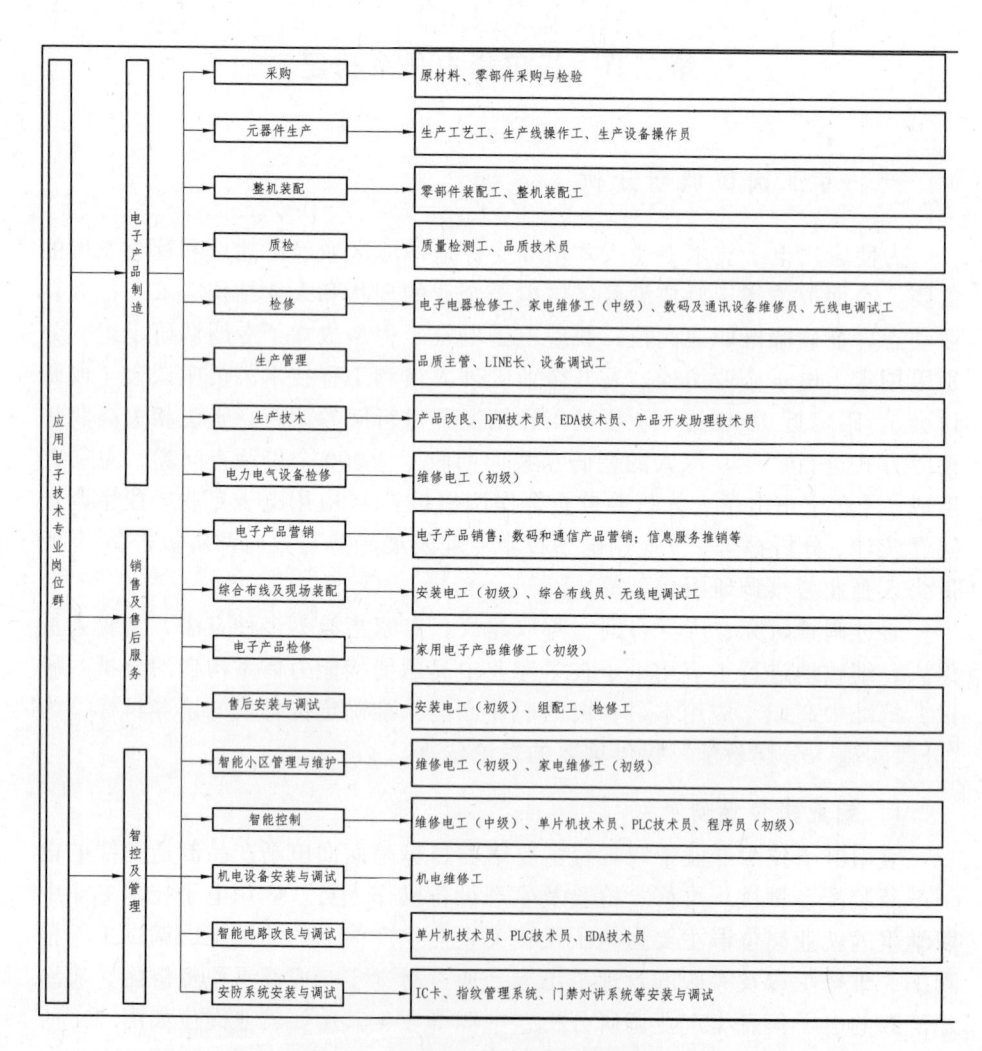

应用电子技术专业岗位群	电子产品制造	采购	原材料、零部件采购与检验
		元器件生产	生产工艺工、生产线操作工、生产设备操作员
		整机装配	零部件装配工、整机装配工
		质检	质量检测工、品质技术员
		检修	电子电器检修工、家电维修工(中级)、数码及通讯设备维修员、无线电调试工
		生产管理	品质主管、LINE长、设备调试工
		生产技术	产品改良、DFM技术员、EDA技术员、产品开发助理技术员
	销售及售后服务	电力电气设备检修	维修电工(初级)
		电子产品营销	电子产品销售;数码和通信产品营销;信息服务推销等
		综合布线及现场装配	安装电工(初级)、综合布线员、无线电调试工
		电子产品检修	家用电子产品维修工(初级)
		售后安装与调试	安装电工(初级)、组配工、检修工
	智控及管理	智能小区管理与维护	维修电工(初级)、家电维修工(初级)
		智能控制	维修电工(中级)、单片机技术员、PLC技术员、程序员(初级)
		机电设备安装与调试	机电维修工
		智能电路改良与调试	单片机技术员、PLC技术员、EDA技术员
		安防系统安装与调试	IC卡、指纹管理系统、门禁对讲系统等安装与调试

图 2.1　中职毕业生其主要就业岗位

应用电子技术专业岗位群

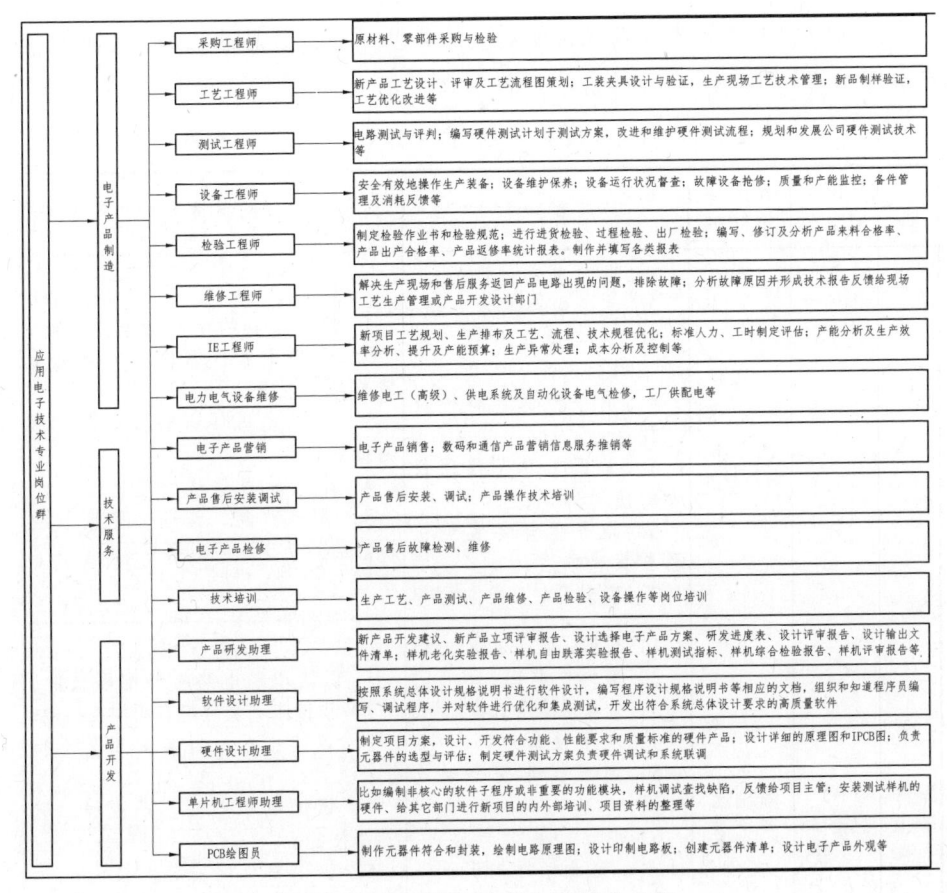

电子产品制造：
- 采购工程师：原材料、零部件采购与检验
- 工艺工程师：新产品工艺设计、评审及工艺流程图策划；工装夹具设计与验证，生产现场工艺技术管理；新品制样验证，工艺优化改进等
- 测试工程师：电路测试与评判；编写硬件测试计划与测试方案，改进和维护硬件测试流程；规划和发展公司硬件测试技术等
- 设备工程师：安全有效地操作生产装备；设备维护保养；设备运行状况督察；故障设备抢修；质量及产能监控；备件管理及消耗反馈等
- 检验工程师：制定检验作业书和检验规范，进行进货检验、过程检验、出厂检验；编写、修订及分析产品来料合格率、产品出产合格率、产品返修率统计报表。制作并填写各类报表
- 维修工程师：解决生产现场和售后服务返回产品电路出现的问题，排除故障；分析故障原因并形成技术报告反馈给现场工艺生产管理或产品开发设计部门
- IE工程师：新项目工艺规划、生产排布及工艺、流程、技术规程优化；标准人力、工时制定评估；产能分析及生产效率分析、提升及产能预算；生产异常处理；成本分析及控制等

技术服务：
- 电力电气设备维修：维修电工（高级）、供电系统及自动化设备电气检修，工厂供配电等
- 电子产品营销：电子产品销售；数码和通信产品营销信息服务推销等
- 产品售后安装调试：产品售后安装、调试；产品操作技术培训
- 电子产品检修：产品售后故障检测、维修
- 技术培训：生产工艺、产品测试、产品维修、产品检验、设备操作等岗位培训

产品开发：
- 产品研发助理：新产品开发建议、新产品立项评审报告、设计选择电子产品方案、研发进度表、设计评审报告、设计输出文件清单；样机老化实验报告、样机自由跌落实验报告、样机测试指标、样机综合检验报告、样机评审报告等
- 软件设计助理：按照系统总体设计规格说明书进行软件设计，编写程序设计规格说明书等相应的文档，组织和知道程序员编写、调试程序，并对软件进行优化和集成测试，开发出符合系统总体设计要求的高质量软件
- 硬件设计助理：制定项目方案，设计、计算相应的功能、性能要求和质量标准来辅助设计；设计详细的原理图和IPCB图；负责元器件的选型与评估；制定硬件测试方案负责硬件调试和系统联调
- 单片机工程师助理：比如编制非核心的软件子程序或非重要的功能模块，样机测试查找缺陷，反馈给项目主管；安装测试样机的硬件、给其它部门进行新项目的内外部培训、项目资料的整理等
- PCB绘图员：制作元器件符合和封装，绘制电路原理图；设计印制电路板；创建元器件清单；设计电子产品外观等

图 2.2 高职毕业生其主要就业岗位

2. 岗位工作任务调研分析

我们对遂宁、成都平原经济区、成渝经济圈应用电子技术人才的需求情况从两个方面进行分析后发现：今后三年，企业对于中职和高职的毕业生需求量很大，而且远大于本科及本科以上学历人才的需求量。应用电子技术专业毕业生工作岗位主要有：生产装配、产品测试、不良品维修、设备维护、生产管理、产品质检、市场营销、技术支持、售后服务、研发助理、线长/班组长。岗位需求较大的依次是生产装配、设备维护、产品测试、产品质检、市场营销，它们是电子企业需求的主要对象。通过调研也发现生产管理、研发助理、线长/班组长，这些要求比较高的岗位，在学生具备了基本专业能力以后，通过基层工作的经验积累以及自身的不断努力，高职毕业生是可以胜任。

目前应用电子技术专业岗位所对应的典型任务、所需的知识、专业技能要求如表 2.1 所示。

表 2.1 应用电子技术专业岗位（群）工作任务分析表

工作过程	典型工作岗位	典型工作任务	所需知识	所需技能
电子产品生产	装配员	元器件识别、测试、分类、整形	1．电路基本知识； 2．电子线路基本知识； 3．数字逻辑与脉冲电路基本知识； 4．电子元器件特性及参数； 5．常用工具及仪器仪表的使用知识； 6．电子元器件直观检测与筛选方法； 7．安全用电及操作规范	1．常用工具的使用与维护技能； 2．常用电子仪器仪表的使用及简单维护技能； 3．电子元器件识别、分类、检测技能； 4．电子元器件整形技能； 5．具有协调、沟通、整理归纳的能力
		编制生产工艺文件	1．机械、电气识图知识； 2．常用电路基础知识； 3．计算机应用基本知识； 4．电子设备知识； 5．电气操作安全规范知识； 6．电子产品生产国家、行业、企业标准知识； 7．整机设计文件相关知识； 8．整机工艺文件、整机装配特殊工具知识； 9．相关法律、法规知识	1．识读印制电路板装配图技能； 2．识读工艺文件配套明细表技能； 3．识读工艺文件装配工艺卡技能； 4．识读电子产品生产流程工艺文件技能； 5．识读整机的安装图技能； 6．识读整机的装接原理图、连线图、导线表及选用特殊工具与安装技能； 7．编制工艺文件及操作指导
		电子产品装接	1．电子元件符号及封装知识； 2．装接准备工艺常识； 3．电子元器件引线成型与浸锡知识； 4．电工基础知识； 5．电子技术基础知识； 6．电子元件测量与仪器使用基本知识； 7．电子产品装配基本知识	1．手工插接能力； 2．电子产品装接常用工具使用能力； 3．手工焊接能力； 4．电子元器件引线浸锡的能力； 5．单元功能电路装配能力； 6．压接、绕接、铆接、粘接的能力； 7．操作插接设备和焊接设备的能力

续表

工作过程	典型工作岗位	典型工作任务	所需知识	所需技能
电子产品生产	检测与调试员	技术指标测试	1．电工基础知识； 2．仪器、仪表使用知识； 3．电子技术基础知识； 4．电磁兼容（EMC）、电磁干扰（EMI）基本知识； 5．单元电路及整机电路原理； 6．电子产品生产管理基本知识； 7．电子产品生产工艺流程知识； 8．电子产品的技术要求； 9．电气安全性常识	1．不合格焊点判断技能； 2．绝缘测量仪、耐压测试仪使用技能； 3．识读产品的技术文件技能； 4．产品单元电路及整机调试技能； 5．产品故障排除技能； 6．精密复杂仪器仪表的操作技能； 7．硬、软件分析基本能力； 8．具有沟通、协调及工作指导能力
		电子产品质检	1．电子产品使用手册基本知识； 2．电子产品安全性能基本知识； 3．电子产品基本工作原理； 4．电子产品外观质量检测； 5．操作规程等相关知识	1．分析电子产品基本原理的能力； 2．仪器仪表使用与维护的能力； 3．电子产品使用操作能力； 4．电子产品质量检测能力
电子产品维修	维修员	故障分析	1．电路分析知识； 2．元件检测识别基本知识； 3．电路识图的基本知识； 4．故障分析方法和技巧基本知识； 5．电子产品故障检测方法； 6．仪器仪表的使用方法和维护知识	1．具有元器件识别与检测的能力； 2．具有熟练使用仪器仪表的能力； 3．具有电路基本功能分析能力； 4．具有分析故障的基本方法与技巧的能力； 5．具有绘制电路维修流程图的能力； 6．具有分析、沟通及协调的能力
		故障排除	1．电路分析知识； 2．元件检测识别基本知识； 3．电路识图的基本知识； 4．维修方法、技巧基本知识； 5．电子产品单元电路及整机调试知识；	1．元件检测识别能力； 2．工具及仪器仪表的使用与维护的能力； 3．电路原理图识图的能力； 4．电子产品调试能力； 5．电子产品维修记录、总结撰写能力； 6．电子产品安全使用、维护能力；

续表

工作过程	典型工作岗位	典型工作任务	所需知识	所需技能
电子产品维修	维修员	故障排除	6．仪器仪表使用与维护知识； 7．常用维修工具使用与维护； 8．电路原理图与装配图分析知识； 9．电子产品技术要求、调试方法相关知识	7．分析、沟通及协调的能力
电子产品设计与技术改进	开发员	方案设计	1．电子产品功能、性能分析； 2．基本模块电路知识； 3．重要器件及软件知识； 4．方案论证知识	1．选用模块实现整体功能的能力； 2．方案可行性分析能力； 3．选用重要器件及软件能力； 4．编制方案能力
		软、硬件设计	1．电子元器件知识； 2．功能模块电路知识； 3．原理图设计及仿真知识； 4．程序设计知识； 5．单片机相关知识； 6．EDA技术相关知识； 7．电路抗干扰知识	1．电路设计软件操作能力； 2．电路可行性分析能力； 3．电路选择及参数计算能力； 4．软件设计能力； 5．电路系统仿真能力
		PCB设计与制作	1．PCB板材相关知识； 2．元件封装知识； 3．自行设计元件封装知识； 4．布线原则相关知识； 5．PCB制作相关知识及技巧	1．常用PCB设计软件操作能力； 2．PCB整体布局能力； 3．手动与自动布线能力； 4．PCB制作能力
		样品制作与验收	1．电子产品装接、调试、测试、质检相关知识； 2．产品样机整机测试，出具报告相关知识； 3．产品包装相关知识	1．产品样机制作能力； 2．产品样机测试能力； 3．产品报告书写能力

上述主要工作岗位与典型工作任务和应具备的知识、技能准确反应了企业生产一线对应用电子技术专业的知识和技能要求，对专业课程体系的构建和课程教学内容的设计都具有重要的指导意义。

二、中高职衔接岗位能力体系构建

1. 能力体系概述

学生的职业能力养成必须经过专业的技能训练和企业实训来获得，包含了在工作中所需的知识、技能、经验和态度，构成要素包括专业能力、方法能力和社会能力三部分；同时未来的社会必然是终身学习的社会，在构建能力体系时必须考虑学生终身学习能力的培养。因此在专业能力体系制定中，需要将专业能力、方法能力和社会能力的培养融入课程体系构建、细化到各教学环节实施。

在中高职衔接实践中，我们既要考虑满足培养学生工作、生活中必需的道德品质、文化素养、社会适应能力，又要充分培训学生赖以生存的专业知识、专业技能，更要为学生埋下终身学习的种子。结合中高职教学的特征与特点，中高职衔接能力体系应从适应技能、专业技能和发展技能三个方面来构建，如图 2.3 所示。只有这样才能更好地将中职与高职在招生就业、专业建设、人才培养、课程开发、基地建设、培养培训等方面有机地衔接起来，真正实现中高职衔接目标一体化、标准一体化、资源一体化、评价一体化。

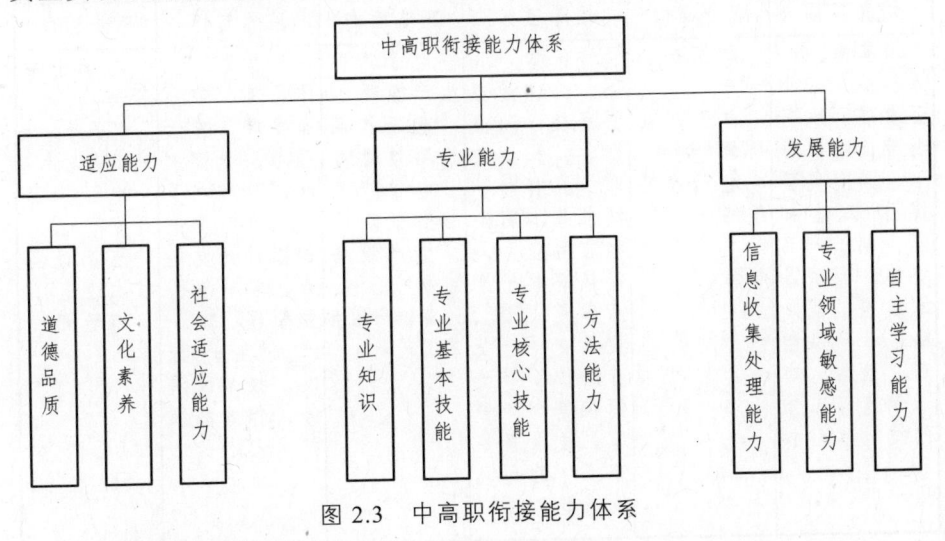

图 2.3 中高职衔接能力体系

2. 能力体系构建

要实现中高职良好的衔接，必须使中等职业教育的毕业生满足高等职业教育的入学条件。为了实现这一目的，在中高职衔接的人才培养方案的制订上，需要中高职双方都进行教育教学改革，优化课程体系，共同探讨企业对专业人才的需求，依据就业岗位和在中、高职两个阶段应具备的知识、能力和素质结构，构建课程体系，确定教学内容。

根据不同阶段的培养目标要求，课程设置由浅入深。中职课程重基础，强应用，让学生初步建立职业概念；高职课程重实践，强创新，鼓励学生在真实或模拟的工作场景中发挥主观能动性和实践性。

在课程内容设置方面，文化基础课程注意中、高职层次知识点的有机融合，以适应其渐进性学习和终身职业教育的需要，中职阶段注重基础素质教育，高职阶段注重学生知识、职业能力和职业素养的全面培养，提高学生可持续发展的能力。

职业资格证书衔接。分段完成职业技能培训，中职阶段进行初级培训，获得初级或中级职业资格证书；高职阶段进行高级培训，获得高级职业资格证书或准技师能力。

为实现"中、高、本"有机衔接，培育终生学习能力，"中、高、本"的培养目标及职业面向如表 2.2 所示。

表 2.2　应用电子技术专业培养目标及职业面向

中职		高职		应用本科	
培养目标	职业面向	培养目标	职业面向	培养目标	职业面向
培养德、智、体、美、劳全面发展，吃苦耐劳，踏实肯干，具有电子技术基础知识，电子产品安装、调试基本技能，能从事电子产品生产、检验、市场销售等工作的技能型人才	电子产品生产 电子产品质量检验 电子产品维修 电子产品销售	培养德、智、体、美、劳全面发展，勤奋好学，积极进取，具有电子技术基本理论和应用能力，能从事电子产品生产、管理、技术支持、设备维护、市场销售等生产管理、技术服务等工作的高级技能型人才	电子产品生产管理 电子产品检测与调试 电子产品售后服务 生产设备维护 电子产品生产工艺设计	培养德、智、体、美、劳全面发展，善于思考，积极主动，具有电子技术专业理论和设计开发能力，能从事企业管理、电子产品生产开发、技术改造等工作的高级技术人才	电子企业管理 电子产品生产工艺设计 电子产品开发 生产设备技术改造 市场策划

中职阶段培养就业能力，高职阶段培养择业能力，应用本科培养创业能力。因此中职是基础，高职是核心，应用本科是提升。搭建中高职衔接立交桥，培养终生学习能力如图 2.4 所示。

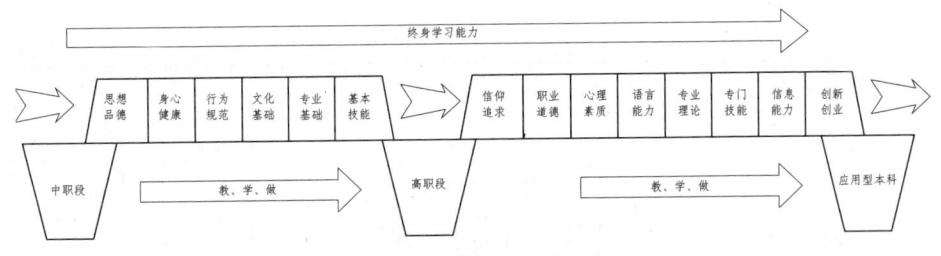

图 2.4 中高职衔接立交桥

对接电子产业岗位技能要求，在能力体系开发中，我们将中职、高职专业能力按技能型、技术技能型来设计，并分别对照职业技能标准初中级工、中高级工系要求，执行知识体系"中职实用、够用、会用；高职的适用、能用、善用"原则技能体系"中职的基础性、专项性，高职的应用性、专门性"原则，达到了素质体系、知识体系、技能体系深度衔接，避免了中高职衔接重复教学、反复训练。中职段职业能力体系表如表 2.3 所示，高职段职业能力体系表如表 2.4 所示。

表 2.3 应用电子技术专业中职能力体系表

中职能力体系		内容提要	关键要素
素质体系	思想品德	法律常识	劳动法、合同法、民法、交通法等法律的普及	遵纪守法 积极进取 责任心 事业心
		哲学知识	哲学基本知识	
		理想、信念	人生观、价值观	
		职业道德	职业习惯、职业要求	
		职业生涯规划	学习规划、专业理想	
	身心健康	体育锻炼	体育锻炼常识、身体训练、体育专项知识及训练	乐观向上 健康体魄
		心理健康训练	心理健康知识	
			心态调整	
	行为规范	道德规范	公民道德规范、社会公德	文明有礼 诚信敬业 健康生活
		礼仪、礼节常识	公共场所礼节、人际交往礼节、传统节日礼节	
			社交场所礼仪、地方特色礼仪	
		职业意识	爱岗敬业、吃苦耐劳、乐于奉献	
		卫生教育	疾病预防常识	

续表

中职能力体系			内容提要	关键要素
知识体系	文化基础	语文知识	范文阅读	普通话 写作能力 阅读能力 古文释义
			应用文写作	
			逻辑学基本知识	
			文学基础知识	
		数学知识	集合	演算能力 运用能力 抽象思维能力 逻辑思维能力 演算能力
			函数	
			初等代数	
			立体几何	
			数列	
			排列、组合	
		理化知识	经典力学	运用能力 分析能力
			电磁学基础	
			光学基础	
			物质结构基础	
			化学常识	
		外语知识	日常会话	阅读能力 交谈能力
			短文阅读	
			基本语法	
			句型基础	
		计算机基础	计算机知识	操作能力 计算机基本维护
			office 系统使用	
			Internet 应用	
			病毒防护基础常识	
	专业基础	电工基础	常用电工工具、仪表使用	常用工具、仪表功能及用途 交直流电路简单分析与计算 控制电路原理分析
			交直流电路的基本定理定律	
			交直流电路的基本计算	
			低压控制电路安装与维护	

续表

中职能力体系			内容提要	关键要素
知识体系	专业基础	电子技术基础	半导体元器件特性	基本放大电路识读 基本逻辑电路识读
			基本放大电路	
			逻辑代数	
			组合逻辑电路	
			时序逻辑电路	
		单片机技术基础	MCS-51基础知识	端口电平识别与控制 中断的初步使用
			编程工具、软件的使用	
			MCS-51单片机编程语言	
			引脚的输入输出	
			MCS-51中断系统	
			AD和DA使用	
		电子测量与产品检验	质量管理体系和ISO 9000族标准	标准文件查找与阅读 简单电子产品技术指标检测 品质优劣判别
			电子产品检验的一般流程	
			电子产品检验的标准	
			电子元器件主要参数及检测	
			功能电路特性及参数检测	
			简单电子产品技术指标及检测	
		传感器检测与调试	应变式传感器识别、检测、调试	常见传感器作用 常见传感器识别 常见传感器测试 常见传感器检测位置调整
			电容式传感器识别、检测、调试	
			光电式传感器识别、检测、调试	
			压电式传感器识别、检测、调试	
			电感式传感器识别、检测、调试	
			辐射式传感器识别、检测、调试	
			半导体感器识别、检测、调试	

续表

中职能力体系			内容提要	关键要素
知识体系	专业理论	电子产品装配与调试	电子产品生产流程及技术文件	装配工艺文件阅读 常用电子仪器的使用 焊料与助焊剂选择 整机装配工艺 整机调试技术
			常用电子仪器的使用	
			线材、元器件加工成型工艺	
			焊料与助焊剂	
			小型电子产品整机装配工艺	
			整机调试技术	
		电子产品生产工艺	现场整机装配工艺流程	生产现场环境安全控制 电子产品生产工艺流程
			生产现场环境安全	
			出入库规范	
			PCB生产工艺流程	
			整机组装工艺	
			常见现场生产设备操作规范	
		SMT应用技术	SMT的发展及特点	表面组装元器件识别 表面组装工艺材料 SMT组装工艺流程
			表面组装元器件	
			表面组装工艺材料	
			表面组装涂敷与贴装技术	
			表面组装焊接及清洗工艺	
			SMT组装工艺流程与生产线	
		电路制图与PCB制版技术	制图软件的安装与使用	绘图 手动布线
			原理图绘制	
			PCB布线	
			PCB制板工艺	
		电气控制与PLC	常用低压电器	低压电器结构、原理、用途 控制电路识读 I/O接线 典型PLC控制系统使用与维护
			电气控制基本环节	
			PLC基本结构与工作原理	
			典型PLC指令系统	
			典型PLC控制系统	
			编程软件	

续表

中职能力体系			内容提要	关键要素
知识体系	专业理论	会议音视频设备	音视频系统组成及原理	音视频系统安装与调试
			音视频系统安装与调试	维护保养
			音视频系统维护与保养	
		电视机原理与维修	电视信号	电路图阅读
			电视机组成与基本原理	电子电路测试
			典型电视机原理图识读	典型故障维修
			电视机基本维修方法	
		电子产品市场营销	流行电子特点和基本原理	电子产品展示
			市场环境与营销策略	电子产品营销
			电子产品促销手段	
			产品开发与价格定位	
技能体系	基本技能	电工基本技能	电工工具、电工仪表使用	
			低压线路施工安全操作规范	
			低压线路接线工艺	
			室内照明线路安装	
			低压控制线路安装	
		电子测量仪器使用	电压表校准与使用	
			信号源仪器调节与读数	
			示波显示仪器调节与读数	
			元件测试仪器调节与读数	
			频域测量仪器调节与读数	
			电子计数器仪器调节与读数	
		元器件识别与检测	电阻、电容、电感、接插件等元件识读与参数测试	
			半导体器件识别识读与参数测试	
			常见集成器件识读	
	专项技能	电子产品直插工艺	直插工艺安全操作规范	
			直插元器件成型	
			常用电子产品装配工具使用	
			锡铅焊"五步法"	
			直插工艺文件阅读	
			元器件手工插装与焊接	
			元器件成型机、波峰焊、浸焊、回流焊机设备操作	

续表

中职能力体系			内容提要	关键要素
技能体系	专项技能	电子产品 SMT 工艺	SMT 工艺	
			SMT 元器件手工贴装与焊接	
			SMT 工艺生产流程	
			SMT 工艺文件阅读	
			SMT 刷膏机、小型贴片机、回流焊机设备操作规范	
			SMT 刷膏机、点胶机、小型贴片机、回流焊机设备操作	
		PCB 制作	PCB 制作安全操作规范	
			胶片输出	
			线路制作与钻孔	
			阻焊制作	
			丝印文字的制作	

表 2.4 应用电子技术专业高职能力体系表

高职能力体系			内容提要	关键要素
素质体系	信仰追求	"毛、邓"理论与三个代表重要思想	社会主义理论政治意识	政治立场 信念、信仰 爱国主义 历史责任感
		马克思主义基本原理	意识形态	
		中国近现代史	大局意识 责任意识 历史与现实	
		中共党史		
		形势与政策		
		中国国情		
	职业道德	军事知识与训练	国防教育、军事知识、军训	人生追求 奋斗精神 敬业奉献 事业心
		道德与法律	法制意识与知识	
		就业与创业	就业观、择业观、创业观	
		职业操守	艰苦奋斗教育	
		道德与伦理	团队合作、团结友爱教育	
			社会道德	

续表

高职能力体系			内容提要	关键要素
素质体系	身心素质	体育训练	科学锻炼方法	健康体魄 健康心理 清洁卫生 情感交流
			身体素质训练	
		健康知识	营养常识	
			卫生习惯	
		心理学知识	健康心理	
			心理咨询	
知识体系	语言能力	英语教育	英语会话	日常英语交流 英语三级
			英语短文写作	
			英语阅读	
		中文	公文写作	公文写作 表达能力 名著赏析 文化品位
			文学知识	
			演讲与口才	
			文学欣赏	
	信息能力	信息技术	情报学知识	计算机应用 产业评估 信息归纳、提炼
			信息收集与管理	
			产业分析与评价	
			计算机网络技术	
	创新能力	创新意识	兴趣与爱好	结合工作善于思考 主动实践
			创新思维与意识培养	
		创新潜力	创新动力教育	
	专业基础	计算机应用基础	计算机组成和工作原理	文档编辑与排版 表格制作 产品介绍演示文稿 网络利用
			操作系统	
			网络基础与Internet应用	
			Excel制作	
			PowerPoint制作	
		数学知识	微积分	演算能力 运用能力
			微积分方程	
			傅立叶级数	
			极限	
			复数及向量	
			概率基础	
			拉普拉斯变换	

续表

高职能力体系			内容提要	关键要素
知识体系	专业基础	工程制图	制图基本知识	绘图工具使用
			机械零件图绘制	读图能力
			整机装配图识读	空间想象和分析能力
			计算机绘图入门	整机装配图识读
		电路分析与实践	电路的基本分析方法	电路基本定律、定理
			交、直流电路的分析	
			谐振回路的分析	电路分析、计算
			动态电路的时域分析	电路参数测试
			非正弦周期函数	
		模拟电子线路分析与实践	基本放大电路性能分析	放大电路选择
			放大电路频率响应	
			集成运算放大器	放大电路调试
			放大电路中的负反馈	放大电路设计
			放大电路的设计	
		数字电子线路分析与实践	逻辑代数的应用	组合逻辑分析与设计
			组合电路的分析与应用	
			时序电路的分析与应用	时序逻辑分析
			波形产生及波形变换电路	波形产生及变换
			数模及模数电路	
		电子测量与仪器	电子测量仪器识读规范	测量误差分析与测量数据处理
			测量误差与数据处理	
			电压测量仪器原理分析与应用	
			信号源原理分析与应用	常规测量仪器基工作原理分析与简单故障维修
			示波显示仪器原理分析与应用	
			元器件测试仪器原理分析与应用	
			频域测量仪器原理分析与应用	测量原理与数据测量应用
			逻辑分析仪原理分析与应用	
			虚拟仪器原理分析与应用	

续表

高职能力体系		内容提要		关键要素
知识体系	专业基础	传感器应用技术	温度检测及其接口电路	各类典型传感器检测基本工作原理 各类典型传感器工作特性与选型 各类典型传感器数据采集与调理接口应用电路分析
			压力检测及其接口电路	
			流量检测及其接口电路	
			物位与厚度检测及其接口电路	
			位移与速度检测及其接口电路	
			光电检测及其接口电路	
			磁学检测及其接口电路	
			模块化智能传感器及应用	
	专业理论	单片机应用技术	MCS-51 基础知识	结构化编程 端口电平识别与控制 中断的综合应用 工程现场的模拟控制 典型器件的使用
			编程工具、软件的使用	
			MCS-51 单片机编程语言	
			引脚的输入输出	
			MCS-51 中断系统	
			AD 和 DA 使用	
			单片机系统扩展	
		EDA 技术应用	可编程逻辑器件特性及其选用	可编程逻辑器件选型 一种以上的开发工具使用 EDA 设计流程 逻辑、时序电路设计与实现 IP 核应用
			面向 CPLD/FPGA 的 EDA 设计流程	
			可编程逻辑器件开发工具使用	
			基于原理图输入法设计与调试	
			硬件描述语言编程基础	
			基于硬件描述语言输入法设计与调试	
			IP 核应用	
			基于 CPLD/FPGA 的片上系统开发	

续表

高职能力体系			内容提要	关键要素
知识体系	专业理论	Multisim 仿真软件应用技术	Multisim 的界面	电路仿真
			元件库、仿真仪器	
			仿真分析方法	
			基础电路分析仿真	
			模拟电路仿真	
			数字电路仿真	
		电路制图与 PCB 制版技术	制图软件的安装与使用	布线规则 手动布线
			原理图绘制与元器件符号绘制	
			元器件布局	
			PCB 布线与元件封装制作	
			PCB 制板工艺	
			PCB 测试	
		PLC 应用技术	PLC 基本结构与工作原理	系统组建与调试 系统管理与监控
			编程序控制器的构成与指令系统	
			典型 PLC	
			编程软件	
			组态软件应用	
			PLC 控制系统的设计	
		电视技术	平板电视组成	电路图阅读 平板电视电路测试 故障分析与维修
			平板电视原理	
			电视新技术（网络电视技术、3D 电视技术）	
			常见故障检测、判断和维修	
		高频电子线路分析与实践	信号发射电路的分析	电路分析 电路测试 电路制作
			信号接收电路的分析	
			信号变换电路的分析	
			反馈控制电路的分析	

续表

高职能力体系			内容提要	关键要素
知识体系	专业理论	电子产品生产质量控制	标准及标准化	电子产品过程品质检验
			电子产品开发过程的检验	
			电子产品的进料检验	
			电子产品生产过程检验	
			电子产品的可靠性验证	
			电子产品的性能测试	
			电子产品老化测试	
			电子产品检验结果的分析与处理	
		电子产品生产工艺管理	电子产品的技术文件制作	工艺文件设计 生产过程管理 品质管理
			电子产品生产的基本工艺流程	
			制造电子产品的材料和工具	
			电子元器件的检验和筛选	
			电子产品焊接与装配工艺	
			电子产品检验、调试与可靠性试验	
			生产过程管理	
			中国强制认证（3C）	
			IECEE—CB 体系	
			ISO9000 质量管理体系认证	
			ISO14000 系列环境标准	
			OHSAS18000 系列标准	
		集成电路制造工艺	集成电路制造工艺流程	集成电路制造工艺流程 关键工艺基本原理 可靠性试验方法 质量控制
			集成化技术	
			平版印刷术	
			腐蚀与氧化工艺	
			掺杂工艺	
			淀积绝缘膜工艺	
			电极和布线工艺	
			封装工艺	
			检验与可靠性试验	

续表

高职能力体系		内容提要	关键要素
知识体系	专业理论	电子产品维修技术	基本电路识图及元器件参数对电路性能的影响	维修基本方法与操作流程 电路维修基本技巧 故障现象分析、判断与定位
			维修基本方法与操作流程	
			电路维修基本技巧	
			在线测试与离线测试数据分析处理	
			专用测试针床操作使用	
			故障现象分析、判断与定位	
			芯片级维修	
			维修报告书写规范	
		小型电子产品设计与制作	"自底向上"的开发设计流程	资料收集与整理 试验数据测试与处理 系统方案论证与选取 系统工程计算及程序优化设计 设计文档书写
			"自顶向下"的开发设计流程	
			模块化系统设计	
			典型应用案例分析	
			放大类电子产品开发设计	
			控制类电子产品开发设计	
			仪器仪表类电子产品开发设计	
			电源类电子产品开发设计	
			设计文档书写规范	
		"6S"管理	6S管理实施原则	管理能力 组织能力
			6S精益管理对象	
			6S推行步骤	
			6S管理实现工具	
		市场营销	市场营销管理	电子产品展示策划 电子产品营销营销策略
			战略计划过程	
			市场营销环境	
			营销调研与市场预测	
			市场营销策略	
			市场营销的组织与控制	

续表

高职能力体系		内容提要	关键要素
技能体系	专门技能	电子产品安装与调试	电子产品生产流程及技术文件
			小型电子产品整机装配工艺文件设计
			焊料与助焊剂选择与使用
			SMT工艺装配、设备操作、设置
			通孔工艺装配、设备操作、设置
			混合工艺装配、设备操作、设置
			整机调试与故障处理
		电子产品检测与维修	质量管理体系和企业标准
			电子产品检验的流程
			电子产品检验的工艺配置
			功能电路原理分析及参数检测
			电子产品技术指标及检测
		PCB制板设计与制作	胶片输出
			钻孔
			电镀过孔
			线路制作
			阻焊制作
			丝印文字的制作
			电路板测试
	应用技能	小型电子产品设计	课题分析与技术指标分解
			系统方案论证与选取
			单元、模块设计及工程计算
			软硬件试验调试与优化设计
			PCB板制作及电路装配
			整机调试与数据测试处理
			系统老化测试与产品优化
			设计文档书写
		电路仿真软件应用	基于电路分析的电路仿真
			基于模拟电路的电路仿真
			基于数字电路的电路仿真
			基于产品的电路仿真

第三节　人才培养模式构建

中高职教育在人才培养的共性上是强调以服务为宗旨、以市场为导向、以能力为主线的人才培养模式。区别是中职学校培养德、智、体、美全面发展，能从事电子产品生产过程管理、质量检测、营销及设备维护的第一线工作的高素质劳动者和技能型人才。高职学校培养德、智、体全面发展，能从事电子产品装配、调试、维修、销售服务、工艺管理、设计开发等第一线工作的高素质技能型专门人才。为实现技能型人才向高级技能型人才有效衔接，必须保证课程设计一贯性、技能学习遵循职业性、知识学习具有延续性。

因此，在"工学结合"人才培养模式的指引下，中职段采用"工学交替"+"专项训练"，夯实学生的基本技能和专业基础素养，高职段采用"顶岗实习"+"定向培养"，培养学生的专门技能、知识运用能力和职业素质。"工学交替"和"顶岗实习"的有机结合，既保证学生专业技能的形成，也能促进校企合作育人，提高学生的综合素质，实现高技能高素质人才培养的目标。

一、中高职衔接人才培养模式构建

根据遂宁及成渝经济区电子企业对高素质技能型人才的要求和人才培养目标定位，我们构建"以岗位能力为主线，双参与、三阶段、四模块"的1234"人才培养模式，如图2.5所示。以电子产品整机制造业"装、调、修"相关就业岗位群的岗位核心能力作为培养主线，企业、学校双方共同参与人才培养，按基本技能、专项技能、综合技能分三阶段递进实施，按电子产品装配、电子产品检测、电子产品维修、小型电子产品开发四模块构建课程体系。在人才模式方案中，坚持"育人为本，德育为先"的指导思想，按照"四化一体"学生综合素质训育体系及考核评价体系，全面开展思想素质、心理素质、文化素质、合作素质、敬业精神、职业道德等素质教育，提升学生综合素质。以真实电子产品作为学习、实训的载体，采用理实一体、学做合一教学手段（方法）培养学生的专业技能。

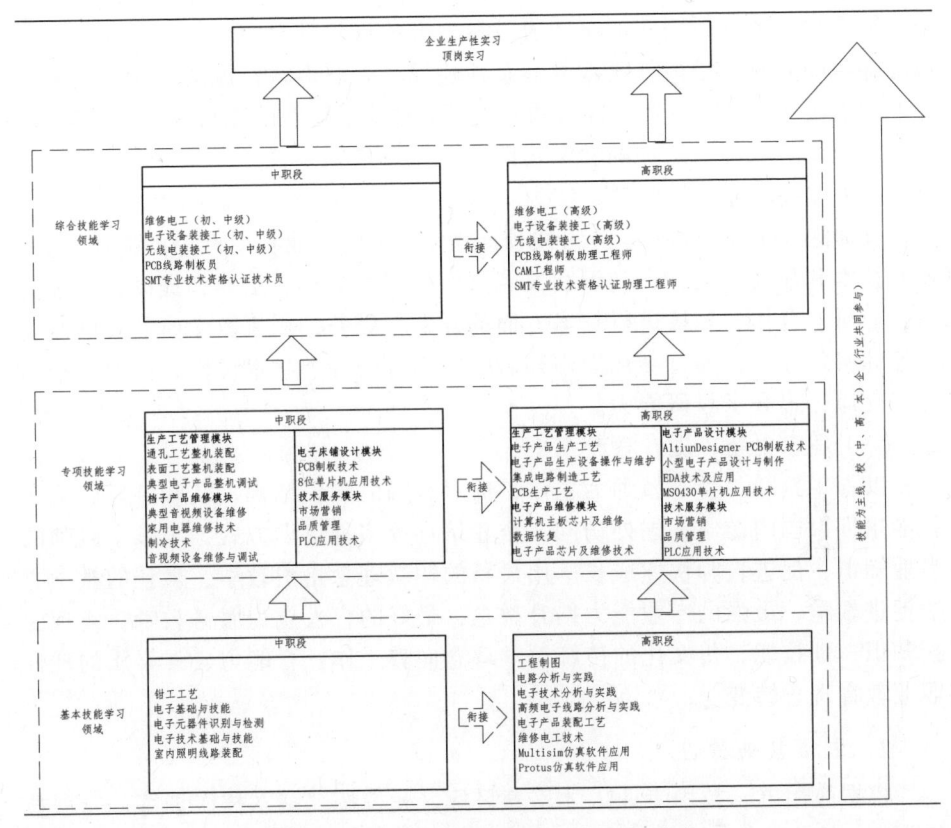

图 2.5 1234 中高职衔接人才培养模式

二、建立人才培养模式保证措施

1. 师资队伍

为了建设一支与"1234"人才培养模式相适应、具有较强教学和研究能力的师资队伍，全面提高专业建设水平和人才培养质量。

（1）外引内培，提升教师能力

以一体化中高职衔接试点项目建设为载体，以教学质量为抓手，以校际交流、专题培训、技能大赛等形式，采取校本培训与企业培训相结合，校内专家指导与外出学习相结合，企业兼职与学术提升相结合的培训手段，全面提升教师的教育、科研和服务能力。

对内鼓励教师到企业兼职锻炼，积极参与企业技术服务以提高教师实践技能达到"双师"素质；对外聘请企业技术骨干，进一步优化专兼结合的"双师"结构教学团队，团队的全体成员参与人才培养方案的制定和实施、专业核心课程的开发、校内外实践教学基地建设；采取多途径提高专业带头人对专业的引领作用，提高骨干教师的实践动手能力、教学设计和教学组织能力，培养和建设"双师"结构的教学团队。

（2）知技融通，提升教学实力

教师深入企业、深入生产一线顶岗锻炼，了解企业在生产中的生产设备、核心技术和最新工艺，在知识和技能方面得到了更新、培养和提高；通过参与企业研发合作，积极进行技术方面的开发与服务，积累教学所需要的专业技能和实践经验；通过参加国内知名专家学者的各类学术讲座，面对面地与专家交流，提升了科研能力。

（3）理念更新，提升教改水平

以青年教师、骨干教师为主体，针对教师的知识结构，认知差异，采用技能培训、国内访学、国外访问、企业培训等多种培训方式，丰富了教师的专业知识，促进教师快速成长。用最新的职教理念指引教学，最佳的教学方法促进教学，最强的专业能力提升教学，最好的育人意识服务教学。实现由授知识、训技能、传文化的传统教学理念向教工作、育能力、强素质的现代职业教育理念转变。

2. 实训基地建设

根据应用电子技术专业人才培养目标，我校按"基本技能训练、专项技能训练、综合应用训练"三种类型和"开放性、理实一体、虚拟化、企业化"建设模式，不断完善和优化了实训环境，增加实训了设备，扩大实训了规模。建立了既能完成学生实训任务，又能面向市场开展社会培训和提供技术服务，集教学、科研、培训、技能鉴定与技术服务的多功能实训校内外基地。

我校加大应用电子技术专业校内外实训基地建设经费投入，编制模拟电子技术、数字电子技术、高频电子线路、EDA应用技术、电子产品装配、电子产品芯片级维修等完整的实验实训标准、实验实训指导书；编制并完善了实验实训室管理规范、实验实训学生手册、企业顶岗实习管理制度等。建成"试点班"共享型实训基地，保证中高职衔接"试点班"的技能培训、职业鉴定、技能比赛等实践活动需要，保障"1234"人才培养模式的顺利实施。

3. 实施措施

在严格遵循学院教学制度与管理规定的基础上，为了保障"1234"人才培养模式的顺利实施，提高育人质量，在方案实施中，我们将采取以下措施。

（1）建立了弹性学制。开发柔性化的适应"1234"人才培养模式的教学管理系统，形成制度化、规范化、可操作的新型管理办法。

（2）建立企业辅导员制度。在企业中聘任一些兼职辅导员，兼职辅导员每2周至少一次到学校，近距离深入学生生活，宣讲企业文化、企业管理、帮助学生更好地认知行业、企业，认识专业与职业。

（3）实行顶岗实习共管制。校企双方将学生的安全、实习时间、顶岗实习内容、薪酬和企业技术保密等方面制度约束纳入合作协议，并制订严格的顶岗实习教学管理方法。

（4）实行"双证书"制。在专业基本技能训练、岗位综合能力训练中，根据岗位能力考核标准和职业标准对学生进行考核，达到企业员工内部考核标准，完成相关职业资格认证工作，力争实现学历毕业证和职业资格证的融合。同时根据学生在企业实际工作中表现和业绩，企业颁发相应的企业工作经历证书，提高学生在就业市场上的竞争力。

（5）建立考核评价双轨制。工学结合课程的学习考核评价由参与教学的校企双方的专、兼职教师共同完成，到企业的实训和顶岗实习的实践成绩主要依据企业的鉴定。

（6）建立校企联席会议制度。以遂宁电子工业园区企业为依托，以专业教学委员会为主体，定期召开校企联席会议，商讨教与学、实与训、育与用等课题，切实做到校企共育，资源共享，人才共用。

第三章

中高职衔接课程体系

课程体系反映了职业教育教书育人活动的指导思想，是培养目标的具体化和依托，它规定了培养目标实施的规划方案，由一系列具有内在逻辑性和关联度的课程相互作用、联系而形成的一个制度性文件，课程体系主要由特定的课程观、课程目标、课程内容、课程结构和课程活动方式所组成。下面以应用电子技术专业中高职衔接课程体系构建为例，分析说明如何构建一个适应区域经济社会发展需求的中高职衔接课程体系。

第一节 中高职衔接课程体系构建

一、职业岗位典型任务分析

1. 行动领域分析

我校调研团队对应用电子技术专业毕业生面向的岗位（群）进行职责任务分析（企业专家访谈）和职业行动领域分析，形成专业岗位群工作分析表。职业岗位、典型任务如表 3.1 所示。

表 3.1 职业岗位典型任务

职业范围	职业岗位	典型工作任务
电子产品设计	产品设计/辅助	产品方案设计、样机元器件选型、成本分析、资料整理及方案工作
	PCB 绘图	产品样机 PCB 设计
	产品测试	样机制作与测试
	软件编程	单片机编程与测试

续表

职业范围	职业岗位	典型工作任务
电子产品生产（装配、检测、调试、维修）	装配设备操作	产品装配、设备操作与维护
	生产技术	现场生产过程与品质管理、指导工艺操作
	工艺技术	测试与改进生产工艺方案、编写工艺文件
	质检技术	产品工艺过程检验、产品检验及品质统计分析
	维修技术	不合格产品维修
电子产品销售与服务	采购与销售	供应商评价管理、采购计划编制、出入库管理、产品营销与投诉处理
	售后服务	产品投诉处理、用户回访、产品维修

2．职业岗位及工作任务分析

通过对遂宁及成渝经济区、江浙、广东深圳等地电子企业的岗位群调研、分析得出，应用电子技术专业就业主岗位群有：电子产品生产（装配和调试）、电子产品维修、小型电子产品开发、电子产品的销售。电子企业典型工作任务分析如表3.2所示。

表3.2 电子企业典型工作任务分析

工作过程	典型工作岗位	典型工作任务	所需知识	所需技能
电子产品生产	装配员	元器件识别、测试、分类、整形	1．电路基本知识； 2．电子线路基本知识； 3．数字逻辑与脉冲电路基本知识； 4．电子元器件特性及参数； 5．常用工具及仪器仪表的使用知识； 6．电子元器件直观检测与筛选方法； 7．安全用电及操作规范	1．常用工具的使用与维护技能； 2．常用电子仪器仪表的使用及简单维护技能； 3．电子元器件识别、分类、检测技能； 4．电子元器件整形技能； 5．具有协调、沟通、整理归纳的能力
		编制生产工艺文件	1．机械、电气识图知识； 2．常用电路基础知识； 3．计算机应用基本知识； 4．电子设备知识； 5．电气操作安全规范知识； 6．电子产品生产国家、行业、企业标准知识； 7．整机设计文件相关知识； 8．整机工艺文件、整机装配特殊工具知识； 9．相关法律、法规知识	1．识读印制电路板装配图技能； 2．识读工艺文件配套明细表技能； 3．识读工艺文件装配工艺卡技能； 4．识读电子产品生产流程工艺文件技能； 5．识读整机的安装图技能； 6．识读整机的装接原理图、连线图、导线表及选用特殊工具与安装技能； 7．编制工艺文件及操作指导

续表

工作过程	典型工作岗位	典型工作任务	所需知识	所需技能
电子产品生产	装配员	元器件装接	1．电子元件符号及封装知识； 2．装接准备工艺常识； 3．电子元器件引线成型与浸锡知识； 4．电工基础知识； 5．电子技术基础知识； 6．电子元件测量与仪器使用基本知识； 7．电子产品装配基本知识	1．手工插接PCB电子元器件能力； 2．电子产品装接常用工具使用能力； 3．手工焊接元器件能力； 4．电子元器件引线浸锡的能力； 5．单元功能电路装配能力； 6．压接、绕接、铆接、粘接的能力； 7．操作插接设备和焊接设备的能力
	检测与调试员	技术指标测试	1．电工基础知识； 2．仪器、仪表使用知识； 3．电子技术基础知识； 4．电磁兼容（EMC）、电磁干扰（EMI）基本知识； 5．单元电路及整机电路原理； 6．电子产品生产管理基本知识； 7．电子产品生产工艺流程知识； 8．电子产品的技术要求； 9．电气安全性能常识	1．不合格焊点判断技能； 2．绝缘测量仪、耐压测试仪使用技能； 3．识读产品的技术文件技能； 4．产品单元电路及整机调试技能； 5．产品故障排除技能； 6．精密复杂仪器仪表的操作技能； 7．硬、软件分析基本能力； 8．具有沟通、协调及工作指导能力
		电子产品质检	1．电子产品使用手册基本知识； 2．电子产品安全性能基本知识； 3．电子产品基本工作原理； 4．电子产品外观质量检测； 5．操作规程等相关知识	1．分析电子产品基本原理的能力； 2．仪器仪表使用与维护的能力； 3．电子产品使用操作能力； 4．电子产品质量检测能力
电子产品维修	维修员	故障分析	1．电路分析知识； 2．元件检测识别基本知识； 3．电路识图的基本知识； 4．故障分析方法和技巧基本知识； 5．电子产品故障检测方法； 6．仪器仪表的使用方法和维护知识	1．具有元件识别与检测的能力； 2．具有熟练使用仪器仪表的能力； 3．具有电路基本功能分析能力； 4．具有分析故障的基本方法与技巧的能力； 5．具有绘制电路维修流程图的能力； 6．具有团队意识； 7．具有分析、沟通及协调的能力

续表

工作过程	典型工作岗位	典型工作任务	所需知识	所需技能
电子产品维修	维修员	故障排除	1. 电路分析知识； 2. 元件检测识别基本知识； 3. 电路识图的基本知识； 4. 维修方法、技巧基本知识； 5. 电子产品单元电路及整机调试知识； 6. 仪器仪表使用与维护知识； 7. 常用维修工具使用与维护； 8. 电路原理图与装配图分析知识； 9. 电子产品技术要求、调试方法相关知识	1. 元件检测识别能力； 2. 工具及仪器仪表的使用与维护的能力； 3. 电路原理图识图的能力； 4. 电子产品调试能力； 5. 电子产品维修记录、总结撰写能力； 6. 电子产品安全使用、维护能力； 7. 分析、沟通及协调的能力
电子产品设计	开发员	方案设计	1. 电子产品功能、性能分析； 2. 基本模块电路知识； 3. 重要器件及软件知识； 4. 方案论证知识	1. 选用模块实现整体功能的能力； 2. 方案可行性分析能力； 3. 选用重要器件及软件能力； 4. 编制方案能力
		软、硬件设计	1. 电子元器件知识； 2. 功能模块电路知识； 3. 原理图设计及仿真知识； 4. 程序设计知识； 5. 单片机相关知识； 6. EDA技术相关知识； 7. 电路抗干扰知识	1. 电路设计软件操作能力； 2. 电路可行性分析能力； 3. 电路选择及参数计算能力； 4. 软件设计能力； 5. 电路系统仿真能力
		PCB设计与制作	1. PCB板材相关知识； 2. 元件封装知识； 3. 自行设计元件封装知识； 4. 布线原则相关知识； 5. 板信息相关知识； 6. PCB制作相关知识及技巧	1. 常用PCB设计软件操作能力； 2. PCB整体布局能力； 3. 手动与自动布线能力； 4. PCB制作能力
		样品制作与验收	1. 电子产品装接、调试、测试、质检相关知识； 2. 产品样机整机测试、出具报告相关知识； 3. 产品包装相关知识	1. 产品样机制作能力； 2. 产品样机测试能力； 3. 产品高度能力； 4. 产品报告书写能力

二、课程体系构建

从两个方面考虑构建"以岗位能力为主线、三阶段、四模块"的电子电气工程专业课程体系。一是以从业岗位所需共性知识和技能,以典型电子产品为载体构建电子产品装配、电子产品检查与调试、电子产品维修、小型电子产品开发四个学习领域模块;二是考虑学生不同成长阶段的认知能力,按照从易到难、从简单到复杂,职业技能从基本技能到专项技能再到综合技能分三段式培养。

基于工作过程的课程开发方法是以企业工作过程为主线,来串起整个职业教育教学的相关环节和过程,通过系统化的设计,构建职业化的课程体系和教学环境。各中高职学校结合服务地方经济社会的实际及就业岗位群的需求,在专业能力体系和课程的框架指导下,制定教学实施方案。电子技术专业中高职衔接课程体系如表 3.3 所示。

表 3.3 应用电子技术专业中高职衔接课程体系

中职		高职	
课程体现	形成素质	课程体现	形成素质
职业道德与法律	思想品德	"毛、邓"理论与三个代表重要思想	信仰追求
政治经济学		形势与政策	
哲学与人生		意识形态教育	
理想、信念、信仰		大局意识、责任意识教育	
职业生涯规划		军事知识与训练	
遵纪守法教育	行为规范	道德与法律	职业道德
勤俭节约、自力更生教育		就业与创业教育	
文明传统教育		敬业奉献	
生活习惯教育		职业操守训练	
自主学习教育		体育训练	身心素质
明礼诚信、团结友善		健康知识	
礼仪训练		心理学知识	
体育锻炼	身心健康	英语教育	语言能力
心理健康训练		应用文写作	
语文	文化基础	演讲与口才	
数学		文学欣赏	
英语		情报学知识	信息能力
理化		信息收集与管理	
计算机应用基础		产业分析与评价	
普通话练习		计算机网络技术	

续表

中职		高职	
课程体现	形成素质	课程体现	形成素质
电工基础与技能训练	专业基础	兴趣与爱好	创新意识
电子技术基础与技能训练		创新思维与意识培养	
单片机技术基础与应用		创新动力教育	
电子测量与产品检验	专业方向	高等数学	专业理论
传感器检测与调试		电路分析与实践	
电子产品装配与调试		电子线路分析与实践	
电子产品生产工艺		工程制图	
SMT应用技术		电路分析与实践	
电路制图与PCB制版技术		电子测量与仪器	
电气控制与PLC技术		传感器应用技术	
电热电动器具原理与维修		单片机与接口技术	
电视机维修技术		计算机应用基础	
电子产品市场营销		Multisim仿真软件应用实训	
电工基本技能	基本技能	EDA技术应用	
电子测量仪器使用		电路制图与PCB制版技术	
元器件识别与检测		PLC应用技术	
电子产品SMT工艺		电视技术	
电子产品直插工艺		高频电子线路分析与实践	
PCB制作		电子产品生产质量控制	
		电子产品生产工艺管理	
		集成电路制造工艺	
		电子产品维修技术	
		小型电子产品设计与制作	
		"6S"管理	
		市场营销	
		电子产品安装与调试	专门技能
		电子产品检测与维修	
		小型电子产品设计	
		电路仿真软件应用	
		PCB制版设计与制作	

课程体系从下往上,职业能力逐步增加,实现能力递增,体现一个从简单到复杂的职业能力的培养过程,每个阶段的载体也是复杂程度递增的;从左往右,职业能力逐步分解,体现一个岗位工作任务分解到各个训练点的职业能力培养方案的形成过程。

该课程体系体现了以综合素质和职业能力培养为核心,突出行业基本能力、专项能力和综合能力培养。基本能力训练课程是从电子行业提炼的共性知识和基本技能开发的基础课程,以简单电子产品为载体培养训练学生基本能力;专项能力训练课程,以电子产品生产过程"装配、检测、调试、维修"构建基于工作过程系统化的行业特色的课程体系,选择中等复杂电子产品为载体,按照行动导向原则设计教学实施过程,培养训练学生专项技能;综合能力训练课程,安排真实电子产品为载体,突出真实电子产品设计与制作,学生在"职业化"环境中进行产品开发,方案设计、整机检测、联调、维修等综合性的训练,与毕业设计、顶岗实习相结合,进一步强化职业能力和职业素养,学生成为高技能人才。

三、主干课程建设

主干课程的教师应具备应用电子技术专业的知识与技能,具有基于行动导向的课程开发和教学设计能力;熟悉生产现场的工艺流程、懂得生产管理,具备一定的现场实践经验。主干课程教育目标及典型工作任务如表3.4所示。

表 3.4 主干课程教育目标及典型工作任务

序号	课程名称	目标	折算学时	典型工作	典型工作任务
1	电工基础与技能训练	1.了解电阻、电容、电感等各种电子元器件的特性与作用; 2.理解简单电路的基本原理与特性;了解电路的各种分析方法,能对给定的电路进行电压、电流、功率等参数的计算;能绘制信号的波形图,掌握中级以上装配电工应具备的理论知识。 3.了解电工仪器仪表的构造与工作原理,能正确使用常见电工仪器仪表;能运用电气测量技术检测调试一般电路;能对测量数据进行一般处理,并能绘制实验曲线。 4.了解与本课程有关的技术规范;能对一般的电气线路进行故障分析与排除;掌握安全用电常识	170	国家职业技能鉴定电工初、中级作业标准	以国家职业技能鉴定电工初、中级作业标准分析及训练

续表

序号	课程名称	目 标	折算学时	典型工作	典型工作任务
2	电子技术基础与技能训练	1．了解常用电子器件的工作原理、主要参数和外特性； 2．理解各种基本的模拟与数字单元电路的组成与工作原理；能定性分析各种常用电子线路并能说明电路中每个元器件的作用；能计算简单电子线路的参数； 3．了解通用集成电路（IC）的性能特点，能画出常用IC应用电路；能查阅电子器件手册及有关资料并合理选用。 4．能熟练操作各种常用电子仪器；能熟练搭接实验电路并用各种测量仪器对电子线路的各种参数进行检测与调试，能正确观察实验现象、记录测试结果并进行分析；能绘制各种测试曲线；能分析并排除典型电路故障；能编写符合要求的实验报告	170	对电子电路进行分析	以电子电路为载体进行电路分析方法训练
3	电路分析与应用	1．通过理论分析与实验手段熟悉各种电路对象的特性，并具备测量和计算元件参数的能力； 2．具备使用常用电路定律、定理、电路分析方法、对电路进行分析的能力； 3．具备正确使用电工仪表和设备的能力，具备简单电路设计、分析、调试的能力； 4．培养学生正确的电路分析方法，培养学生对电子专业的兴趣	72	对电子电路进行分析	以电子电路为载体进行电路分析方法训练
4	电子产品装配实训	1．具备基本的电子操作技能，包括掌握基本的焊接技术、掌握元器件的初步识别和测试技术； 2．具备简单电子产品装配与测试的能力； 3．培养学生正确的电子技术操作方法与安全用电的职业素质，培养学生成为电子爱好者的基本素养	30	电子产品装配	以简单电子产品为载体进行电路焊接与装配技能的训练

续表

序号	课程名称	目标	折算学时	典型工作	典型工作任务
5	模拟电路分析与实践	1．掌握从事典型模拟电路应用必要的原理、理论和知识； 2．具备典型模拟电路知识的应用能力，电子元器件识别的能力、模拟电路分析与初步设计的能力； 3．具备模拟电子产品制作与调试的能力； 4．培养学生热爱专业技术的态度和努力学习专业技术的精神	120	电子产品设计、制作、检测与调试	以中等复杂程度的典型模拟电子产品为载体进行电路设计、制作、检测、调试技能训练
6	数字电子技术	1．掌握数字电路基本知识； 2．具备芯片资料阅读，芯片测试能力； 3．具备中等复杂程度的数字电子产品设计、制作、检测与调试的能力	90	电子产品设计、制作、检测与调试	以中等复杂程度数字电子产品为载体进行电路设计、应用与调试
7	高频电路的分析与实践	1．掌握高频电路的器件、各单元电路的电路组成、工作原理； 2．具备高频单元电路的设计与制作能力	75	电子产品设计、制作、检测与调试	以中等复杂程度的高频电子产品为载体进行电路设计、制作、检测、调试技能训练
8	电子产品制图与制版技术	1．具备利用专业软件进行电路原理图及印刷电路板绘制的能力； 2．掌握专业软件和程序设计必备的知识； 3．熟悉电路板的生产流程及质量评价，会PCB板制作； 4．培养学生严格的工作态度和认真仔细的工作作风	75	电路绘图与PCB制版技术	以中等复杂电子产品为载体进行电路图绘制与PCB制版技能训练
9	电子产品生产工艺	1．掌握电子产品生产工艺及工艺管理基本知识和基本方法，会编制生产工艺文件； 2．掌握手工焊接、浸焊、波峰焊接、回流焊接和SMT组装等关键工艺的基本知识和基本操作，会组装电子产品	45	电子产品组装	通过完成典型电子产品组装、检测、调试，进行焊接、装配、检测、工艺流程、工艺文件等知识学习和技能训练

续表

序号	课程名称	目标	折算学时	典型工作	典型工作任务
10	表面组装技术与工艺管理	1．掌握表面组装技术（SMT）的相关工艺技术和工艺流程，具备现场组织SMT技术生产，进行生产管理与工艺管理的能力； 2．能检测识别SMC，评价PCB，能做贴片机、印刷机编程，能手工焊接贴片元件	36	贴片电子产品组装	通过讲授和讨论以及参观与实际操作完成表面组装技术与工艺管理学习和技能训练
11	电子产品检测技术	1．掌握常用的测试方法，具备相关设备维护的常识； 2．会根据调试文件对产品各项指标进行调试，会编制测试工艺文件	36	电子产品检测、检验	
12	EDA技术	1．掌握电子产品设计软件的应用； 2．具备用EDA技术开发设计电子产品的能力	90	电子产品设计	以中等复杂电子产品为载体用EDA技术进行电路设计训练
13	典型传感器应用	1．了解典型传感器生产、维护和维修的工作程序和过程控制文件； 2．具备对一般非电量测量应用问题提出解决方案并付诸实施的基本能力； 3．具备典型传感器选用、维护和标定能力； 4．培养学生按照技术规范工作的职业素养	72	传感器选用与检定	以非电量测试任务为载体完成在从传感器选用到标定和测试的全过程
14	单片机技术与应用	1．掌握使用51系列单片机汇编语言进行简单程序开发与应用必备的知识与技术； 2．具备使用单片机进行应用电路设计、分析能力； 3．具备根据任务需求进行单片机应用系统设计与实现的能力； 4．培养学生良好的性格素养和对待新知识的适应能力	120	用单片机开发电子产品	以中等复杂电子产品为载体进行从单片机应用到辅助程序设计

续表

序号	课程名称	目标	折算学时	典型工作	典型工作任务
15	电子产品维修	综合能力训练课程 1．掌握电子产品维修的工作规程和规章制度； 2．具备单元电路、一般家用电器、电子仪器维修、调试和检验的能力； 3．具备进行家用电器维修的初步能力； 4．培养学生解决具体技术问题和团队合作的职业素养	48	家用电器维修	以家用电器、电子仪器维修为载体完成从电子产品维修、调试到检验的全过程
16	小型电子产品开发技术	综合能力训练课程 1．掌握电子产品设计及技术开发的一般方法、工作规范；掌握较为先进的技术手段和应用工具； 2．能进行电子产品的一般设计、有能力参与技术开发项目工作； 3．熟悉电子产品设计与生产过程，能根据实际问题提出技术改进意见和方案，并实施技术改进； 4．培养学生适应技术更新和技术发展的职业素养	60	电子产品技术开发	以中等复杂电子产品为载体完成从电子设计到技术改进的全过程
17	毕业设计	综合能力训练课程 1．掌握进行电子设计的方法与工作规范； 2．具备完成给定典型电子产品或电子系统的设计与实施的能力； 3．具备对电子产品进行技术说明并编写技术报告的能力； 4．培养学生技术综合应用和技术开发的职业素养	120	典型电子产品的设计与实施	以复杂电子产品为载体完成从电子设计到技术实现及编写资料和答辩的完整训练
18	顶岗实习	岗位能力训练课程 1．熟悉本岗位的工作环境，对使用的设备、工具、工作对象、工作性质等有所了解，与领导和同事沟通； 2．在企业完成岗位工作过程的完整训练，具备胜任本岗位工作的初步任职能力； 3．完成从学校到企业、从学生到职业人的过渡； 4．培养学生适应企业岗位工作环境的职业素养	510	岗位实际工作	以企业实际工作任务为载体，进行实际工作过程的完整训练

第二节　中高职衔接课程标准

课程标准是实施专业人才培养方案、实现培养目标要求的教学指导文件，是编写或选用教材、实行课程教学、衡量教学效果的重要依据。四川职业技术学院以科学发展观为指导，全面贯彻落实国家教育部《关于全面提中高等职业教育教学质量的若干意见》《教育部关于印发<中高等职业院校人才培养工作评估方案>的通知》《国家教育中长期改革和发展规划纲要》（2010—2020年）《教育部财政部关于支持中高等职业学校提升专业服务产业发展能力的通知》《教育部关于推进中高等职业教育改革创新引领职业教育科学发展的若干意见》等文件精神，贯彻校企合作、校企共同开发，对接职业标准、突出职业能力，遵循教学规律、顺应中高职教学改革发展要求，充分利用遂宁市应用电子技术专业教育理事会、遂宁市先进制造业职教集团资源，遵循人才培养方案的专业人才定位，以工学结合为切入点，校企合作共同开发课程，切实做到中高职衔接一体化课程内容与职业标准对接、教学过程与生产过程对接；强化职业能力培养，突出课程内容和教学过程的实践性、职业性和开放性，在规范课程教学的基本要求的基础上，不断创新课程开发、教学模式。

在中高职发展建设专业指导委员会及政府职能部门的指导下，四川职业技术学院进行了教学计划整体设计，按照中职和高职两个阶段，将课程设置、课程内容、教学时数、课程学分、实践教学及其他活动等进行一体化设计。中职段以专业基础能力和继续学习基础教育为主，高职段以提高学生的专业理论、专业技术和专门技能为主。中、高职任务明确，衔接有序，实施有据。

在此基础上，制定中职段、高职段的课程标准，指导和规范中高职教学。课程标准的制定，必须坚持"与企业岗位能力相结合"的原则、"体现行业能力需求"的原则、"适应区域产业技术要求"的原则。

一、编制规划

根据专业人才培养方案，确定课程的性质、定位和目标要求；依据职业分析与教学要求，以职业能力提升为出发点，找准职业岗位的核心能力，确定课程标准的内容和评价要求；参照相关职业资格标准，改革课程教学内容，建立突出职业能力培养的课程标准，规范教学的基本要求，实行课程考核与职业技能鉴定相结合的评价办法；参照人力资源社会保障部一体化教学改革相关专业课程标准。按应用电子技术专业中高职衔接一体化人才培养方案，规划编写的课程标准如表 3.5 所示。

表 3.5　规划课程标准

教学阶段	课程名称	
中职段课程标准	电工技术基础与技能训练	电子技术基础与技能训练
	电子产品装配与调试	单片机技术基础与实训
	电视技术	电热电动器具原理与维修
	传感技术及应用	PCB 板制图
	制冷技术与技能训练	
高职段课程标准	电路分析与实践	电子电路分析与实践（含模电、数电）
	高频电子线路分析与实践	电子产品装配实训
	电工技术实训	Multisim 电子应用仿真软件
	EDA 技术及应用	单片机应用技术
	电路制图与 PCB 制板技术	传感器应用技术
	电子产品生产设备操作与维护实训	电子产品生产工艺
	小型电子产品设计与制作	电子产品维修技术
	电子测量与仪器	

二、课程标准主要内容

课程标准的主要内容可包括课程概述、培养目标、与前后课程的联系、课程内容标准、教学实施建议、考核方式与标准、学习情景设计及其他等。

1. 教学标准开发基本原则

（1）坚持德育为先，能力为重，把社会主义核心价值体系融入教育教学全过程，着力培养学生的职业道德、职业技能和就业创业能力。

（2）坚持教育与产业、学校与企业、专业设置与职业岗位、课程教学内容与职业标准、教学过程与生产过程的深度对接。以岗位能力要求和职业资格标准为制订专业教学标准的重要依据，努力满足行业科技进步、劳动组织优化、经营管理方式转变和产业文化对技能型人才的新要求。

（3）坚持工学结合、校企合作、顶岗实习的人才培养模式，注重"做中学、做中教"，重视理论实践一体化教学，强调实训和实习等教学环节，突出职教特色。

（4）坚持整体规划、系统培养，促进学生的终身学习和全面发展。正确处理公共基础课程与专业技能课程之间的关系，合理确定学时比例，严格教学评价，注重中高职课程衔接。

（5）坚持先进性和可行性，遵循专业建设规律。注重吸收职业教育专业建设、课程教学改革优秀成果，借鉴国外先进经验，兼顾行业发展实际和职业教育现状。

一个中高职衔接的完整的专业教学标准开发的过程应注意开发主体、开发过程与开发成果，每一方面都有纵深的过程，三个方面又有相互关联的依赖。中高职衔接的专业课程标准开发流程如图3.1所示。

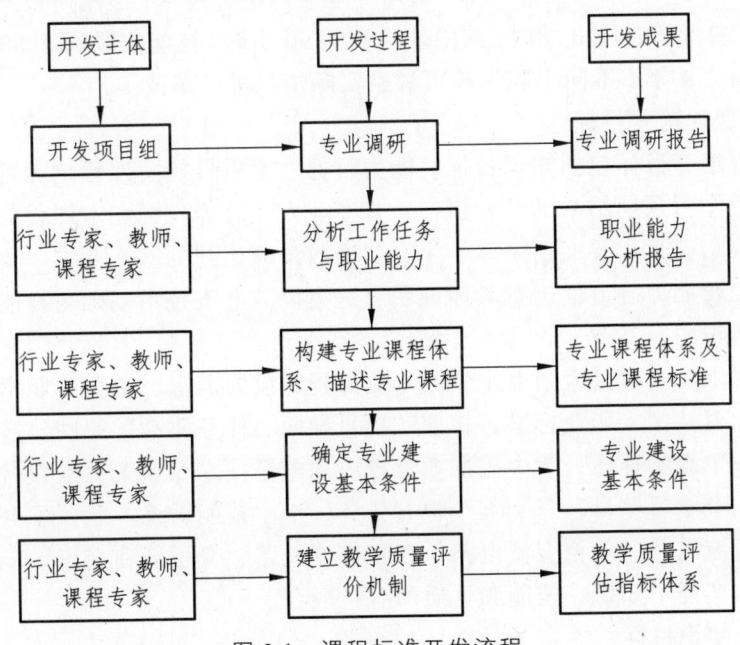

图3.1 课程标准开发流程

2．教学标准基本内容

1）课程概述。

课程概述主要包含课程性质、基本理念和课程设计思路。课程性质要叙述本课程在专业人才培养中的地位、作用和功能以及课程类型等内容；课程基本理念主要阐述课程教学应遵循的指导思想和基本原则，突出学生学习的主体地位，明确教与学两个方面的基本要求；课程设计思路应将教学基本理念与课程框架设计、内容确定以及课程实施有机结合起来，阐述课程总体设计原则、课程设置依据、课程内容结构、理论与实践比例、课时安排说明与考核评价方法等内容，充分体现课程标准的先进性和创新点。这里以《电工技术基础与技能训练》为例进行说明。

（1）课程的性质和任务

本课程是应用电子技术专业必修的专业技术基础课程。先修课程：数学、物理；后续课程：电子技术基础与技能训练、电视技术与维修。

通过本课程的学习，使学生掌握电工技术基本知识，学会基本技能，历练基本素质，也为后续课程和今后从事电气电子工作打下坚实的基础。

（2）课程学时与学分

"电工技术基础与技能训练"适用专业应用电子技术；适用阶段三年制中职学生；参考学时170学时（其中理论教学90学时、技能实践训练80学时）；参考学分：9分（不同中职学校可根据实际情况进行修改）。

2）课程培养目标

课程培养目标包括知识目标、能力目标、素质目标。课程培养目标是对学生课程学习预期结果的综合概括，是专业人才培养目标在本课程的具体体现；课程培养目标要面向全体学生，明确教学应达到的基本要求。要求从素质、知识与能力等方面进行具体说明。这里以"电工技术基础与技能训练"为例进行说明。

根据中高职衔接应用电子技术专业课程建设的需求，结合中职学生的认知规律，对接国家职业标准，按照"项目导向、任务驱动"原则，遵循"教学做合一"教学理念，为中等职业学校应用电子技术专业编写的教材。本课程共有六个学习项目，三十五个学习任务，十个技能训练，涵盖了电路基本概念、直流电路、单相交流电路、三相交流电路、变压器和交流异步电动机等内容，实现了知识、技能和素质的有机融合。

（1）知识目标

① 掌握电路的基本物理量；

② 熟悉电路的基本元件；

③ 掌握电路的基本定律及其应用；

④ 熟悉简单直流电路的分析方法；

⑤ 熟悉单相交流电和三相交流电的基本概念；

⑥ 掌握简单单相交流电路和三相交流电路的分析方法；
⑦ 理解磁场和电磁感应现象；
⑧ 熟悉变压器的基本原理；
⑨ 了解三相异步电动机基本结构；
⑩ 熟悉三相异步电动机基本原理。

（2）技能目标
① 能正确识别和检测常用电路元器件；
② 会正确使用常用电工工具和电工仪器仪表；
③ 能识读简单电路图和电气安装图；
④ 能进行简单电工电路的安装和测量；
⑤ 能处理实验与实训中的简单故障；
⑥ 具备电工技能训练中的安全操作规范。

（3）素质目标
① 养成勤于学习、善于思考的习惯；
② 具有安全操作、文明卫生的意识；
③ 具有服从安排、与人合作的意识；
④ 具有吃苦耐劳、爱业乐业的精神。

3）课程内容

课程内容标准主要阐述学生在学习领域、专题或目标要素等方面应实现的具体学习目标，在编写中既要考虑课程各部分内容的相对独立，又要形成课程内容的有机整合。对于学生的学习结果，应尽可能用清晰的、便于理解及可操作的行为动词，（如工作任务教学用"了解""理解""能""会"等，理论教学用"了解""理解""掌握"等）进行描述。

编制以工作任务为中心的项目课程标准，要注意所选项目的大小和数量要适中，不宜过大、过多，项目要由易到难、由浅入深、循序渐进，具有真实性、典型性、完整性和覆盖面。项目的内容应包括工作任务、教学目标、相关知识（理论知识、实践知识）、考核评价等。这里以《电工技术基础与技能训练》为例进行说明。

按照"项目导向、任务驱动"原则，遵循"教学做合一"教学理念，立足中高职衔接课程一体化，重新组织和优化教学内容，按完成任务所需的知识和技能开展教学，课程教学内容及参考学时如表3.6所示，教学任务及要求如表3.7所示。

表 3.6 "电工技术基础与技能训练"课程教学内容及参考学时

教学项目	教学任务		参考学时
项目一：电路基本概念	1.1 认识电路	1	20
	1.2 测量电流	1	
	1.3 测量电压	4	
	1.4 计算电功率	2	
	1.5 认识电动势	1	
	1.6 识别电阻元件	4	
	1.7 识别电容元件	4	
	1.8 识别电感元件	3	
项目二：直流电路	2.1 学习欧姆定律	5	30
	2.2 分析电阻串联电路	6	
	2.3 分析电阻并联电路	6	
	2.4 探究基尔霍夫电流定律	4	
	2.5 探究基尔霍夫电压定律	9	
项目三：单相交流电路	3.1 认识正弦交流电	5	40
	3.2 分析纯电阻交流电路	6	
	3.3 分析纯电容交流电路	6	
	3.4 分析纯电感交流电路	6	
	3.5 分析 RL 串联电路	8	
	3.6 提高交流电路的功率因数	4	
项目四：三相交流电路	4.1 认识三相交流电	4	40
	4.2 学习三相电源的连接	3	
	4.3 学习三相负载的连接	19	
	4.4 计算三相电路的功率	9	
	4.5 学会安全用电	5	
项目五：变压器	5.1 认识磁场	2	15
	5.2 探究电磁感应现象和电磁感应规律	3	
	5.3 认识变压器的结构	2	
	5.4 探究变压器的基本原理	5	
	5.5 认识变压器的技术参数	3	

续表

教学项目	教学任务	参考学时	
项目六：三相交流异步电动机	6.1 认识三相异步电动机的基本结构	1	15
	6.2 探究三相异步电动机的基本原理	1	
	6.3 学习三相异步电动机定子绕组连接	5	
	6.4 识读三相异步电动机的铭牌数据	2	
	6.5 认识单相异步电动机的结构和铭牌	2	
	6.6 学会交流异步电动机的使用与维护	4	
机　动		10	10
合　计			170

表 3.7 "电工技术基础与技能训练"课程教学教学任务及要求

项目名称	教学目标	任务内容			重点难点
		教学内容	知识点	技能点	
项目一：电路基本概念	使学生掌握电路的基本物理量，熟悉并会检测电路基本元件	认识电路	① 明确电路的基本组成；② 熟悉电路的主要功能；③ 掌握电路的工作状态	会画出简单电路的电路图	重点：电路的状态；难点：电路的作用
		测量电流	① 熟悉电流及其实际方向；② 掌握电流的测量	① 学会直流电流表的使用方法；② 能用直流电流表测量直流电流	重点：电流的测量；难点：电流的方向
		测量电压	① 熟悉电压及其实际方向；② 熟悉电位及其电位参考点；③ 掌握电压的测量。	① 学会直流电压表的使用方法；② 能用直流电压表测量直流电压。	重点：电压的测量；难点：电压的方向
		计算电功率	① 掌握电功与电功率公式；② 理解电器设备额定值	① 会识读电器设备的额定值；② 能计算电能和电功率	重点：电功率计算；难点：设备额定值

续表

项目名称	教学目标	任务内容			重点难点
		教学内容	知识点	技能点	
项目一：电路基本概念	使学生掌握电路的基本物理量，熟悉并会检测电路基本元件	认识电动势	① 熟悉电源作用及其电路符号；② 理解电动势及其方向	会判断电动势与端电压的方向	重点：电源的符号；难点：电动势方向
		识别电阻元件	① 熟悉常用电阻元件及其参数；② 掌握电阻伏安关系和功率公式；③ 掌握电阻标称值的标识	① 会识别电阻元件；② 会识读电阻标称值；③ 会用万用表测量电阻	重点：电阻伏安关系及其电阻标称值；难点：识别电阻元件
		识别电容元件	① 熟悉常见电容元件及其参数；② 掌握电容的串联与并联	① 会识别检测电容元件；② 会分析电容的串并联	重点：电容串、并联；难点：识别电容元件
		识别电感元件	① 熟悉常见电感元件；② 了解电感的串并联	① 会识别电感元件；② 会检测电感元件	重点：电感标称值；难点：识别电感元件
项目二：直流电路	使学生掌握基本定律及其应用，会分析电阻串联和并联电路，会进行直流电路的测量	学习欧姆定律	① 掌握部分电路欧姆定律；② 掌握全电路欧姆定律	会运用欧姆定律分析电路	重点：内容与表达式；难点：推广应用
		分析电阻串联电路	① 理解电阻串联；② 掌握电阻串联电路的特点；③ 熟悉电阻串联电路的应用。	① 能识别串联电路；② 会分析电阻串联电路	重点：电路特点；难点：电路应用
		分析电阻并联电路	① 理解电阻并联；② 掌握电阻并联电路的特点；③ 熟悉电阻并联电路的应用	① 能识别并联电路；② 会分析电阻并联电路	重点：电路特点；难点：电路应用。
		探究基尔霍夫电流定律	① 理解有关电路结构的基本术语；② 掌握基尔霍夫电流定律内容及表达式；③ 熟悉基尔霍夫电流定律的推广	会运用基尔霍夫电流定律分析电路	重点：内容与表达式；难点：推广应用

续表

项目名称	教学目标	任务内容			重点难点
		教学内容	知识点	技能点	
项目二：直流电路	使学生掌握基本定律及其应用，会分析电阻串联和并联电路，会进行直流电路的测量	探究基尔霍夫电压定律	① 掌握基尔霍夫电压定律内容及表达式；② 熟悉基尔霍夫电压定律的推广	① 会运用基尔霍夫电压定律分析电路。② 会进行直流电路连接与测量	重点：内容与表达式；难点：推广应用
项目三：单相交流电路	使学生掌握正弦流电的三要素，会分析单一参数元件的交流电路，会计算交流电路的功率，熟悉电工工具和电工材料，会安装与测量简答交流电路	认识正弦交流电	① 熟悉交流电三要素；② 掌握周期、频率、角频率的关系以及最大值与有效值的关系；③ 掌握同频率交流电的相位关系	① 会观察并测量测交流电；② 会描述同频率交流电相位关系	重点：交流电三要素；难点：交流电的相位
		分析纯电阻交流电路	① 掌握电压与电流之间的关系；② 理解瞬时功率、掌握有功功率	① 熟悉电工材料和电工工具；② 学会导线的剥削与连接；③ 能安装并测试白炽灯电路	重点：电流电压关系和电路功率计算；难点：瞬时关系
		分析纯电容交流电路	① 掌握电压与电流之间的关系；② 掌握感抗、有功功率与无功功率	① 学会测量纯电容电路。② 能安装照明电路配电板	重点：电流电压关系和电路功率计算；难点：感抗
		分析纯电感交流电路	① 掌握电压与电流之间的关系；② 掌握容抗、有功功率与无功功率	学会测量纯电容电路	重点：电流电压关系和电路功率计算；难点：容抗
		分析 RL 串联电路	① 掌握电压与电流之间的关系；② 掌握阻抗、电路的功率计算	能安装测试日光灯照明电路	重点：电流电压关系和电路功率计算；难点：阻抗与功率
		提高交流电路的功率因数	① 掌握功率因素；② 掌握提高功率的意义和方法	① 学会提高功率因素方法。② 单相电能表的安装	重点：功率因素；难点：提高功率因素方法

续表

项目名称	教学目标	任务内容			重点难点
		教学内容	知识点	技能点	
项目四：三相交流电路	使学生掌握使学生熟悉三相电源连接方式，掌握对称三相负载星形联结和三角形联结时相电压与线电压、线电流与相电流之间的关系，会计算三相电路功率，掌握安全用电常识	认识三相交流电	① 熟悉动力电与照明电；② 了解三相交流电产生及相序；③ 熟悉三相对称电压的特点	会描述三相对称电压	重点：三相对称电压；难点：三相交流电产生及相序
		学习三相电源的连接	① 了解三相电源的连接方式；② 熟悉三相四线制和三相三线制；③ 掌握相电压、线电压及其关系	① 学会三线四线制和三线制供电；② 学会测量电源的相电压和线电压	重点：相、线电压；难点：三相电源连接
		学习三相负载的连接	① 掌握三相负载的连接方式；② 掌握对称三相负载星形联结时，掌握相电压、线电压及其关系，明确中线的作用。③ 掌握对称三相负载三角形联结时，相电压、线电压、线电流与相电流之间的关系	① 学会三相负载的联结方式；② 会测量三相电路的电流与电压	重点：相电压与线电压、线电流与相电流之间的关系；难点：线电流与相电流的计算
		计算三相电路的功率	掌握三相电路的功率	学会计算三相电路的功率	重点：三相电路功率；难点：三相功率计算
		学会安全用电	① 明确触电方式和触电伤害；② 掌握安全用电常识；③ 了解现场急救措施	学会现场急救措施	重点：安全用电常识；难点：现场急救措施

续表

项目名称	教学目标	任务内容			重点难点
		教学内容	知识点	技能点	
项目五：变压器	使学生掌握电磁感应规律和变压器的基本原理，会识读变压器的技术参数	认识磁场	① 掌握磁感应强度的定义和磁通量的定义；② 掌握磁感应强度的定义式的应用；③ 掌握磁通量的计算公式	会计算磁感应强度和磁通量	重点：磁场基本物理量；难点：磁通量
		探究电磁感应现象和电磁感应规律	① 掌握产生感应电流的条件；② 掌握右手定则；③ 掌握法律第电磁感应定律内容和应用	① 会用右手定则判断感应电流方向；② 会计算感应电动势的大小	重点：电磁感应定律；难点：右手定则
		认识变压器的结构	① 了解变压器的分类；② 掌握变压器的结构；③ 掌握变压器使用注意事项	会正确使用变压器	重点：变压器的结构；难点：变压器的结构
		探究变压器的基本原理	① 掌握变压器变压原理；② 掌握变压器变流原理；③ 掌握变压器的阻抗变换原理	会用变压器的变压、变流原理计算变压器参数	重点：变压器基本原理；难点：阻抗变换原理
		认识变压器的技术参数	① 熟悉变压器外特性；② 理解变压器损耗；③ 掌握变压器额定值	① 会识读变压器的技术参数；② 会测试单相小型变压器	重点：变压器额定值；难点：变压器外特性

续表

项目名称	教学目标	任务内容			重点难点
		教学内容	知识点	技能点	
项目六：三相交流异步电动机	使学生掌握三相异步电动机定子绕组的连接和单相异步电动机的铭牌，学会交流异步电动机的使用与维护	认识三相异步电动机的基本结构	①明确电动机的分类；②掌握三相交流异步电动机的基本结构；③掌握鼠笼式和绕线式电动机的区别	①能判断定子和转子的作用；②能分清鼠笼式和绕线式电动机的应用范围	重点：结构和分类；难点：结构
		探究三相异步电动机的基本原理	①理解旋转磁场的意义；②理解磁极对数与同步转速的关系；③理解转差率的意义	①学会计算同步转速；②能计算转差率	重点：磁极对数与同步转速的关系；难点：旋转磁场
		学习三相异步电动机定子绕组连接	①掌握定子绕组的连接方式；②明确电动机接线盒内的接线	①学会接线盒内的接线方法；②学会判断绕组接错的故障	重点：接线盒内接线；难点：定子绕组连接
		识读三相异步电动机的铭牌数据	①明确电动机铭牌的意义；②理解电动机铭牌数据对应的技术指标	①会读电动机铭牌；②会由电动机铭牌数据计算相应的技术指标	重点：电动机铭牌；难点：技术指标
		认识单相异步电动机的结构和铭牌	①了解单相异步电动机的结构；②掌握单相异步电动机的铭牌；③明确单相异步电动机的分类	①能判断单相异步电动机和三相异步电动机的使用场合；②会读单相异步电动机铭牌数据	重点：铭牌数据；难点：结构
		学会交流异步电动机的使用与维护	①掌握电动机的选型；②了解电动机常见故障原因及处理；③理解电动机的日常维护手段	①会电动机常见故障处理方法；②掌握避免电动机烧毁的措施	重点：电动机的选型；难点：日常维护

4）教学实施建议

从教材、教学方法、实践教学、教学组织及教师等方面提出课程实施建议，要有利于课程按以上规定实施，可行、适用。提出选用教材的基本要求、建议或提出编写教材的思路、方法或其他要求，并提供教材、教参选用或参考版本建议。

结合课程标准有关规定，列出适合课程教学的教学方法与手段，并结合课程内容作简易解释说明。要善于在教学实际中，改革创新、总结提炼，提出适应课程教学和培养要求的方法和手段；为适应工学结合需要，突出培养学生的职业能力，课程实施在实践教学上的要求及对校内外实训条件的需求；概述针对学习情境设计的主要课程内容单元，如何先后安排学习内容，如何安排学时，如何组织学习，如何组织理论、实践教学实现教学做一体化等。这里以"电工技术基础与技能训练"为例进行说明。

（1）学习组织形式

学、做、练、评、思一体化设计，全面保障学习质量。

① 结合生产生活实际，通过企业参观等形式，了解电工技术的认知方法，培养学习兴趣，启迪学生思考，使学生养成良好的学习习惯，形成正确的学习方法，具有自主学习能力和创新精神。

② 组织学生参加课内技能训练、课外电工实践训练活动，培养运用电工技术知识解决生活中有关实际电工问题的技能，强化安全文明、卫生环保等职业意识，养成良好的工作方法和工作作风。

③ 借助项目评价、自我评价等环节，让学生自我关注学习过程，找差距、找问题、找措施，充分保证学习效果和质量。

（2）教学手段与方法

以学生为主体，以教师为主导，以技能为重点，通过灵活采用多种教学手段，启发、诱导、因材实施，让学生有更多的思维活动空间，发挥教与学两方面积极性，实现教学目标，提高教学效果和育人质量。

① 采用启发式教学、案例式教学、仿真式教学、团队合作式教学、点滴激励式教学等方法开展教学。

② 运用集体讲解、师生对话、小组讨论、实验实训、课外实践和企业参观等形式，让学生在学中做、做中学。

③ 运用课件、图片、动画、视频、实物设备和数字化教学资源等多种形式展现课程内容，为学生创造全新学习环境，激发学生学习兴趣，简化学生认知过程，使学生在短时间内建立准确概念，化解教学重点。

（3）教学设计思路

按照"项目导向、任务驱动"原则，遵循"教学做合一"教学理念，实施理实一体化教学，实现知识、技能和素养的有机融合。

① 突出中高职衔接，优化重组课程教学内容。根据中高职应用电子技术人才培养方案，结合中职学生的认知规律，在明确中职课程教学重点基础上，经过系统化设计，优化重组教学内容。课程设置了六个教学项目，三十五个学习任务，涵盖了电路基本概念、直流电路、单相交流电路、三相交流电路、变压器、交流异步电动机教学内容。

② 以学生为主体，精心设计教学活动。教师的教学活动、教学环境，学生的学习活动等要以学生为主体，以能力培养为本位，充分体现"教学做合一"思想，让学生在教学活动中，乐学、好学、会学，学出成效。

③ 对接国家职业标准，培养职业技能。将中职学生的技能训练项目与职业资格考证相结合，使学生具备电工技术相关工种的技能要求，考取相应的技术等级证书。

④ 引导学生提升职业素养，提高职业道德。积极引导中职学生不仅要关注对知识的理解，技能的掌握和能力的提高，还要重视规范操作、安全文明意识等职业素质的形成，以及节约材料与爱护设备、保护环境等意识与概念的树立。

（4）教师要求

课程教师要求具有相关专业本科及以上学历，讲师、工程师及以上技术职称，具有课程相关的职业资格证，具有指导学生实践操作训练的能力，能很好把握课程知识的重点、应用方向，能根据学生特点，灵活采用教学手段和组织教学资，应具有教学课件、辅导教材，实验指导书等，为学生提供参考教材和有价值的学习网站。

（5）实践条件

校内电工技术实训中心或教学做一体化实训室，校外实习实训基地。校内电工技术实训中心具备现场教学、实验实训和职业技能考证培训功能，实现教学与实训合一，教学与培训合一，教学与考证合一，满足学生综合职业能力培养要求。校外实习实训基地，实现"工学"交替，满足学生实习实训，同时为学生就业创造机会。

（6）学生要求

学生应具备学习电工技术相应的数学知识基础，具备电工工具、电工仪表、电子测量仪器的使用能力，具备电工电路的安装和测试能力，具备安全用电基本常识。

（7）教学资料

根据中高职衔接应用电子技术专业人才培养方案，编写并出版中高职衔接一体化《电工技术基础与技能训练》教材。根据课程教学目标，开发课程教学课件、编写课程教案、辅导教材和实验指导书等。同时教师应积极开展教研活动，研究适合学生实践训练的项目，为教学提供素材；教师应该制作有助于教学的图片、动画等教学资源，并实现资源共享；教师应该挖掘社会资源，给学生提供参观和锻炼机会。

5）教学评价

关注评价的多元化，结合学生作业，平时测验、学习态度，操作技能和职业素质等情况，全面综合评价学生能力。从考核原则（考试结果与学习过程、基础知识与实践能力相结合等原则），考核方式（试卷笔试考试、现场操作、仿真模拟演练、企业实践评价、平时学习过程评价等等），以及课程最终考核成绩计算方式等。鼓励支持大胆改革传统单一的试卷笔试考试，创新适应课程特点的多种方式综合的考核方式，突出考核学生实际操作能力和职业能力、素质。这里以"电工技术基础与技能训练"为例进行说明。

（1）学习过程评价

关注评价的多元化，结合学生作业，平时测验、学习态度，操作技能和职业素质等情况，采用教师评价、学生自价、学生互评结合等形式，全面综合评价学生能力。学习过程评价如下表 3.8 所示。

表 3.8 学习过程评价

评价点	学生自评（20%）			学生互评（30%）			教师评价（50%）		
	优	良	及格	优	良	及格	优	良	及格
作业完成情况	按时完成作业，内容正确，字迹工整	按时完成作业，内容正确，字迹较工整	作业上交率为80%以上，内容正确	按时完成作业，内容正确，字迹工整	按时完成作业，内容正确，字迹较工整	作业上交率为80%以上，内容正确	按时完成作业，内容正确，字迹工整	按时完成作业，内容正确，字迹较工整	作业上交率为80%，内容正确
实践操作技能	操作方法正确，速度快、质量好	操作方法正确，速度较快、质量较好	操作方法基本正确、能完成操作	操作方法正确，速度快、质量好	操作方法正确，速度较快、质量较好	操作方法基本正确、能完成操作	操作方法正确，速度快、质量好	操作方法正确，速度较快、质量较好	操作方法基本正确、能完成操作
职业操守	安全、文明工作，具有良好的职业操守	安全文明工作，职业操守较好	没出现工作事故	安全、文明工作，具有良好的职业操守	安全文明工作，职业操守较好	没出现工作事故	安全、文明工作，具有良好的职业操守	安全文明工作，职业操守较好	没出现工作事故

续表

评价点	学生自评（20%）			学生互评（30%）			教师评价（50%）		
	优	良	及格	优	良	及格	优	良	及格
学习态度	学习积极性高，虚心好学	学习积极性较高	没有厌学现象	学习积极性高，虚心好学	学习积极性较高	没有厌学现象	学习积极性高，虚心好学	学习积极性较高	没有厌学现象
团队合作精神	具有良好的团队合作精神，热心帮助小组其他成员	具有较好的团队合作精神，能帮助小组其他成员	能配合小组完成项目任务	具有良好的团队合作精神，热心帮助小组其他成员	具有较好的团队合作精神，能帮助小组其他成员	能配合小组完成项目任务	具有良好的团队合作精神，热心帮助小组其他成员	具有良好的团队合作精神，能帮助小组其他成员	能配合小组完成项目任务

（2）能力观测点

知识观测点：基尔霍夫定律；欧姆定律；交流电三要素；单一参数元件交流电路电流与电压的关系；三相电源相电压、线电压及其关系；负载三角形和星型联结时线电压与相电压、相电流与线电流的关系；变压器的基本原理；单相异步电动机机构及其铭牌数据。

技能观测点：常用电工工具和电工仪器仪表；简单交流电路的安装与测试。

（3）课程考核方式

课程考核方式采用过程考核与终结考核相结合。以学习项目为课程考核单元，考核学生的基本知识、基本技能和基本素质，成绩由每个学习项目所得分数按照不同的权重累加。

（4）成绩评定

对学生应具备的电工技术的基本知识、基本技能和基本素质，进行全面考核与评价，综合评定学生的学习成绩，学习成绩评定如表3.9所示。

表 3.9 成绩评定表

考核内容	考核方式	考核目标	备 注
项目一 （10%）	终结考核（60%）	知识点	
	过程考核（40%）	技能点	
		职业素养	
项目二 （20%）	终结考核（60%）	知识点	
	过程考核（40%）	技能点	
		职业素养	
项目三 （30%）	终结考核（60%）	知识点	
	过程考核（40%）	技能点	终结考核方式：闭卷
		职业素养	
项目四 （20%）	终结考核（60%）	知识点	
	过程考核（40%）	技能点	
		职业素养	
项目五 （10%）	终结考核（60%）	知识点	
	过程考核（40%）	技能点	
		职业素养	
项目六 （10%）	终结考核（60%）	知识点	
	过程考核（40%）	技能点	
		职业素养	

第四章
中高职衔接实训模式

实践技能训练是职业院校培养合格的职业人、体现办学特色、提高人才培养质量的重要手段和途径。在开展中高职衔接中,在专业设置应紧贴区域产业发展需求,始终将专业的持续发展融入区域经济的发展战略之中,将实训基地建设融入服务地方经济、贴合企业实际中,必须加大与校企之间、校际之间合作的力度,整合资源、整体联动,实现实训项目紧贴产业发展,实训流程紧贴生产实际,区域内实训基地模块化统筹建设。

第一节 实训与实训系统

一、实训释义

实训是职业技能实际训练的简称,是指在学校控制状态下,按照人才培养规律与目标,对学生进行职业技术应用能力训练的教学过程。实训的最终目的是全面提高学生的职业素质,最终达到学生满意就业、企业满意用人的目的。实训具体包括以下内容:

(1)从实施教学场地上有校内实训和校外实训,包括企业顶岗实习和企业生产性实训、教学实训;

(2)从形式上有技能鉴定达标实训和岗位素质达标实训,包括通用技能实训和专项技能实训;

(3)从内容上分,有动手操作技能实训和心智技能实训;包括综合素质要求(创业和就业能力统称跨岗位能力)实训。

校内的实训教学主要为虚拟实训和模拟实训两类。虚拟实训是指运用虚拟仿真平台，在虚拟环境下完成具体的工作任务的过程。如在单片机实践课程教学中，常用 Proteus 仿真平台（Proteus 可实现从原理图布图、代码调试到单片机与外围电路协同仿真，一键切换到 PCB 设计，实现了从概念到产品的完整设计）。比起模拟实训，虚拟实训设备便携且省空间，学生能够自主设计实验、自主完成实验、自主管理实验。充分调动学生的积极性，可以激发学生参与实验实训的兴趣，在兴趣驱动下，拓展了学生创新思维和创新实践方法。

模拟实训是在模拟的工作环境中完成具体的工作任务的过程。与虚拟实训相比，模拟实训的意义在于能使学生在更加真实的环境中进行实训的动手操作，而不是操纵计算机来实现操作。在这类实践教学中，教学的目的不一定是合格的"产品"，而在于这一"产品"的形成过程，旨在使学生体验工作的过程，训练操作的技能与技巧，从而形成特定任务下的心智与行为习惯。如果校内实训基地承接实际的工作业务，则模拟实训可转化为实操教学。

实训是职业教育教学过程的重要组成部分，在实施过程中为了充分发挥实训优势，体现真实的职业环境，强调实训项目的功能应用性和工艺规范性。实训教学与传统课堂教学主要区别为是传统课堂教学以讲授为主，教学主体一般为教师，教学效率高，更适合理论类课程的教学；实训通过模拟真实的实际工作环境，教学过程理论结合实践，更强调学生的参与式学习，能够在最短的时间内使学生在专业技能、实践经验、工作方法、团队合作等方面提高。

二、实训系统

实训系统将教师、学习者、设备、资源等元素，通过某种结构组织在一起，形成的一个有机整体。实训系统具有职业导向、训练整合、素质养成、技能鉴定等功能。要实现实训系统的功能，需依靠实训系统的组成要素和系统的具体结构。实训系统的基本要素一般包括实训内容、学生、教师、实训条件和实训手段。

实训系统设计是一个系统化规划实训系统的过程。可以从以下几个方面认识和理解实训设计。实训设计理论可分为理论基础、基本原则和基本模式三个层次。具体如图 4.1 所示。

```
基本        ┌──┐   ┌──┐   ┌──┐   ┌──┐   ┌──┐
模式        │实训目│→│实训任│→│学习者│→│实训系│→│实训设│
            │标确立│  │务分析│  │分析  │  │统设计│  │计评价│
            └──┘   └──┘   └──┘   └──┘   └──┘
```

基本原则
```
┌─────────────────────────────┐
│        系统优化原则          │
│        课程理论原则          │
│        动机发展原则          │
│        能力本位原则          │
├─────────────────────────────┤
│           实训理论           │
└─────────────────────────────┘
```

基本理论
```
┌─────────────────────────────┐
│        职业教育课程理论      │
│        职业教育学习理论      │
│        职业教育教学理论      │
│        职业教育系统理论      │
└─────────────────────────────┘
```

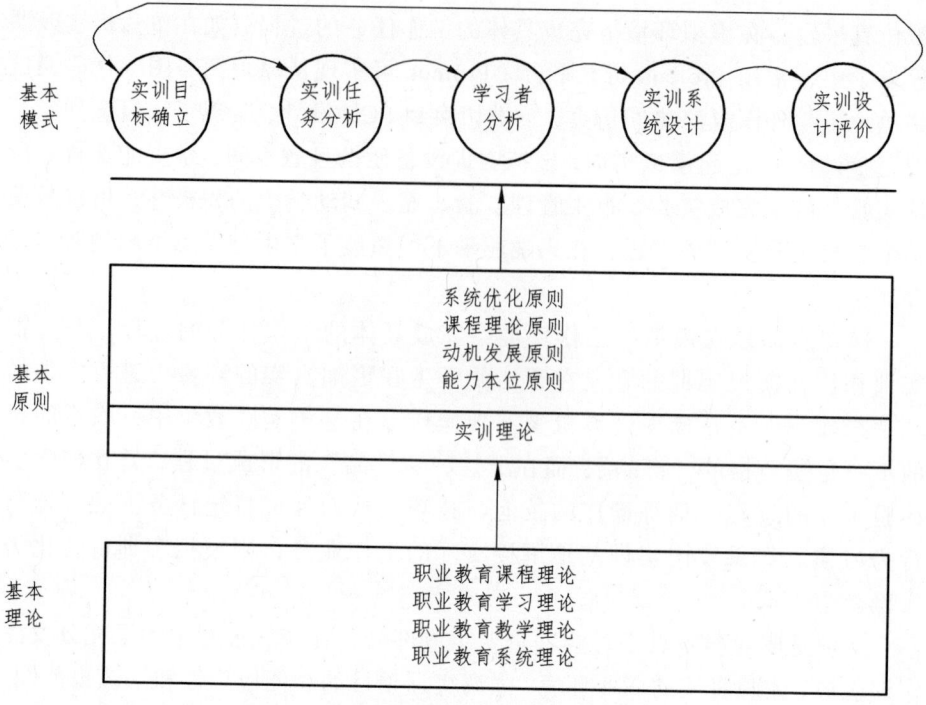

图 4.1　职业教育实训设计理论方法体系

理论基础包括职业教育课程理论、职业教育学习理论、职业教育论、职业教育系统理论。这些理论为职业教育实训设计奠定了理论基础。

基本原则包括建立在职业教育课程理论、职业教育学习理论、职业教育教学理论、职业教育系统理论基础之上的职业教育实训设计的课程理论原则、动机发展原则、能力本位原则和系统优化原则。

基本模式则为实训目标确立、实训任务分析、学习者分析、实训系统设计（实训软件系统设计、实训硬件系统设计）实训设计评价等五个基本阶段。

因此，在开展应用电子技术专业中高职衔接实训系统构建时，我们着力加强对几个方面工作建设，取得了较好的成效。

1. 实训项目整体规划

应用电子技术专业中高职衔接的实训项目设置形式如图 4.2 所示。从应用电子技术专业中高职衔接的实训项目设置示意图可以看出，实训项目是从专业服务的职业岗位、能力领域、单项能力和技能推演出来的，当然，并不是推演出来的所有技能训练项目、任务实训项目、项目实训项目、岗位实训项目都被列为实际教学计划中的实训项目，而是需要进一步论证哪些实训项目最终列为教学计划中的实训项目。

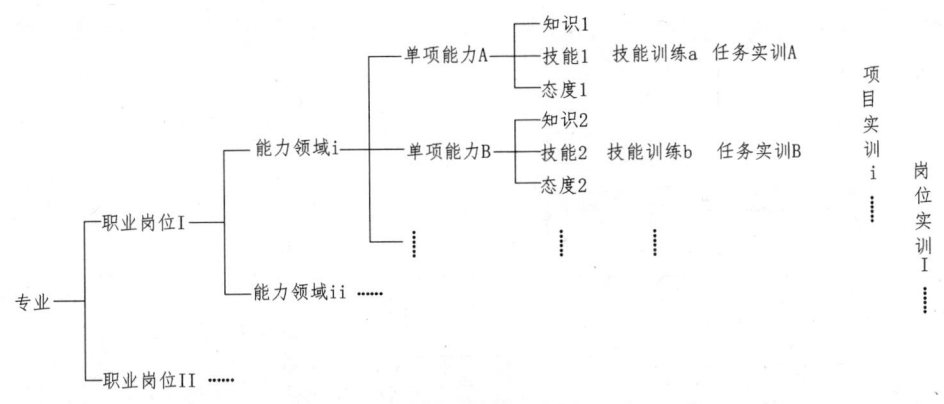

图 4.2　应用电子技术专业中高职衔接实训项目设置示意图

2．一体化训练目标确定

实训项目规划整体化原则落实了实训项目体系，在一定程度上为专业中高职分段实施培养目标的落实提供保证。按中职阶段培养就业能力、高职阶段培养择业能力、应用本科培养创业能力专业培养目标的切实落实，还需进一步分析确定。实训项目目标设计需要遵守一体化原则，如图 4.3 所示。

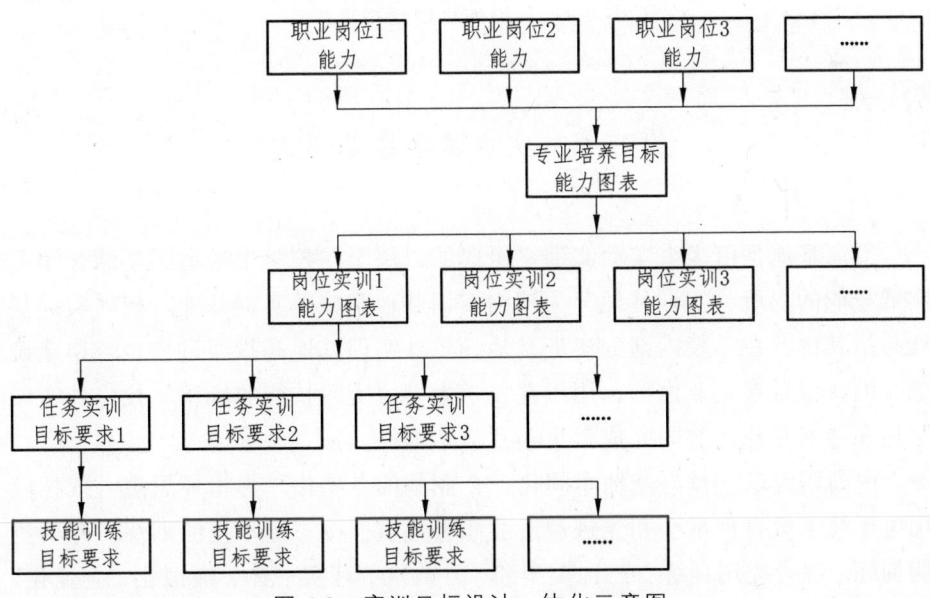

图 4.3　实训目标设计一体化示意图

3. 实训内容结构化设计

实训项目内容为了保证目标能力的形成，需要根据能力的形成条件及其过程，进行结构化设计，如图 4.4 所示。

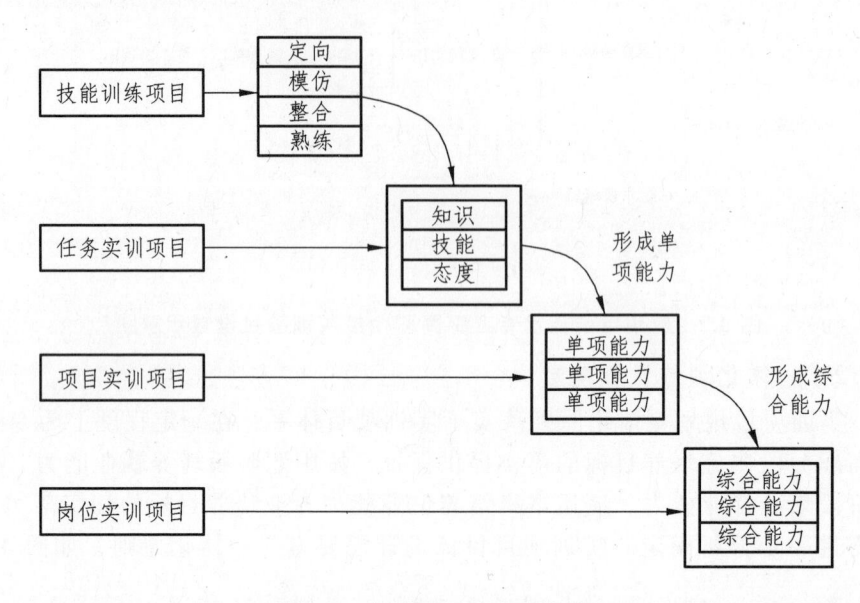

图 4.4 实训项目内容结构化

第二节 实训基地建设模式

实训基地是由多个实验实训室组成的，用于在校学生通过工学结合学习实践技能的场所。实训基地分为校内实训基地和校外实训基地。校内实训基地是指其位置在学校内部的实训基地，校外实训基地是指通过校企合作建设成立的，位置在企业内部，用于在校学生学习实践技能的场所。校内外实训基地在功能互补，共同完成学生实践教学训练。

中高职应以"校内基地车间化、企业基地专项化"为指导思想，依托应用电子技术教育理事会和先进制造业职教集团，按"基本技能训练、专项技能训练、综合应用训练"三种类型和"开放性、理实一体、虚拟化、企业化"模式建设校内外实训基地。

一、虚拟仿真实训中心

我国从 2006 年已开始部署"国家大学生创新性实验计划",并将其作为"教学质量与教学改革工程"的组成部分,其中一个重要的体现方式就是建设"虚拟仿真创新实验室"。通过虚拟仿真创新实验计划,改变目前人才培养过程中实践教学环节薄弱,动手能力不强的现状;改变灌输式的教学方法,推广研究性学习和个性化培养的教学方式;形成创新教育的氛围,建设创新文化,进一步推动高等教育教学改革,提高教学质量。

虚拟仿真实验室是虚拟现实技术应用研究的重要载体。随着虚拟实验技术的成熟,人们开始认识到虚拟仿真实验室在教育领域的应用价值,它除了可以辅助高校的科研工作,在实验教学方面也具有如利用率高,易维护等诸多优点。近年来,国内的许多高校都根据自身科研和教学的需求建立了一些虚拟实验室。对于电子与电气工程专业,虚拟仿真实验室建设具有如下优势:

1. 将工业系统带进课堂,全 3D 的仿真图像及音效带给学生对工业系统最直观的认识。

2. 降低实训运行成本,系统提供大量的元器件库和材料库模型,在扩展选择性的同时又减少了资金的投入。

3. 免除维修维护,避免了因运动机构长期工作造成的磨损,因程序错误造成的误动作带来的繁复的维修、维护工作。

4. 便携并省空间,自主实验,学生能够自主设计实验、自主完成实验、自主管理实验,不存在占空间的硬件设备。

5. 不存在安全风险,由于不会接触到工业强电以及运动的机械机构,故此完全避免了由此给学生带来的人身意外伤害。

6. 寓教于乐,近似游戏的虚拟场景,充分调动学生的积极性,可以激发学生参与实验的兴趣,在兴趣驱动下,在导师指导下完成实验过程。

7. 重在过程,注重创新性实验项目的完成过程,强调学生在创新思维和创新实践方面的收获。

虚拟仿真实验实训将工业系统带进课堂,是培养学生自主学习能力,有利于夯实学生的技能基础,促进创新能力的发展。3D 虚拟场景,充分调动学生的积极性,是提高学生对实验课程兴趣和动力的有效途径。

按照"硬件软化、设备虚拟化、开放性"的思路,四川职业技术学院电子和电气工程专业完成工业自动化控制生产线虚拟仿真、电子工艺自动化生产虚拟仿真、Proteus 虚拟仿真、EDA 电子设计自动化等实训室建设,满足应用电子技术及相关专业"电子设计""SMT 生产设备操作与维护""电路仿真""PLC 应用技术""机电一体化系统安装与调试""电子工艺"等课程专业课程开发及实验、实训教学需要，同时兼顾电类专业职业技能鉴定、社会培训及 SMT 技术员、见习工程师、助理工程师、工程师、高级工程师 5 个级别认证考试的需求。

二、理实一体化实训室

理实一体化教学法即理论实践一体化教学法。突破以往理论与实践相脱节的现象，教学环节相对集中。它强调充分发挥教师的主导作用，通过设定教学任务和教学目标，让师生双方边教、边学、边做，全程构建素质和技能培养框架，丰富课堂教学和实践教学环节，提高教学质量。在整个教学环节中，理论和实践交替进行，直观和抽象交错出现，没有固定的先实践后理论或先理论后实践，而是理中有实，实中有理。突出学生动手能力和专业技能的培养，充分调动和激发学生学习兴趣的一种教学方法。

理论教学与实践教学交互进行，融为一体。一方面，提高理论教师的实践能力，实训教师的理论水平，培养一支高素质的师资队伍。另一方面，教师将理论知识融于实践教学中，让学生在学中干、干中学，在学练中理解理论知识、掌握技能，打破教师和学生的界限，教师就在学生中间，就在学生身边，这种方式可大大激发学生学习的热忱，增强学生的学习兴趣，学生边学边练边积极总结，能达到事半功倍的教学效果。

对于模拟电子技术、数字电子技术、高频电子技术、电路分析等课程，实训室采用理实一体化模式建设，根据一体化课程教学的特点，采用理论和实操相结合的方式开展教学，一体化课室划分为讲授及讨论区、实践操作区、资料查询区、设备工具存放及维修区，主要配置设备有功能实验实训平台及相关仪器仪表、移动投影、60 英寸多媒体电视机、5 套计算机（联网）、储物柜及维修工作平台等。

三、全开放型实训室

为充分发挥实训室资源优势，促进我校高素质技能型人才培养工作，鼓励学生利用课余时间开展丰富多彩的第二课堂活动，我校建有 2 间全开放型电子设计实训室，在指导教师的指导下实现学生自主管理。

我校以学院应用电子技术协会为主体，以全国大学生电子设计竞赛、全国职业院校学生职业技能竞赛、全国"发明杯"创新创业大赛、科技下乡、义务维修等项目为载体，学生利用课外时间，利用实训室的条件，在指导教师指导下开展小发明、小制作、小论文等活动。提倡学生自拟课题，积极参与研究，解决实践中的实际问题。

四、企业实训室

立足岗位能力需求，在教育理事会和职教集团成员单位四川柏狮光电公司、四川深北电路、四川雪莱特电子分别建设了电子产品维修、电子产品检测、贴片工艺生产线三个企业专项实训室，开展专项化技能训练，进行职前就业培训，尽可能实现学生与就业岗位对接，提升了学生的就业岗位适应能力。

五、校外实训基地

学院先后与四川柏狮光电科技有限公司、四川深北电子有限公司、四川鼎吉光电科技有限公司等十五家电子企业共建校外实训基地，开展了顶岗实训，接受企业文化熏陶，培养职业素质，增强职业技能，强化社会责任，提高学生就业竞争实力。

第三节　实训教学模式及课程开发

一、典型实训教学模式

为了改变高职院校培养的学生"高分低能、有分无能"的状况，高职院校教学实训模式的研究势在必行。所谓高职教学实训模式，是指高等职业教育各专业的学生，在完成其主要专业课程的理论学习和各种技能专项训练后，综合性地运用本专业的基本知识和技能在校内外集中进行系统性实训的各类教学模式。在现代职业教育实践教学过程中典型实训教学模式有流程再造型、岗位实操型、范例驱动型、职业模拟型、问题抛锚型5种。

1. 流程再造型教学实训模式

流程再造型教学实训模式是指在营造特定模拟、仿真或真实的工作环境条件下，选择典型、完整、规范的生产过程（或服务过程），由学生模拟或真实地处理业务技术问题，以完成整个工作流程，提高学生的岗位技能。

流程再造型实训模式具有针对性特征、递进性和完整性的特点。在实训中，学生能系统地运用所学知识和技能，按流程操作规范和职业标准把握整个生产（服务）流程，提升其处理流程中实际问题和非常规问题的能力；学生一般应首先学会前一个环节的工作，后一个环节在前一个环节的基础上继续训练；要求学生只有经历了生产流程的全部环节后，才能对本专业有一个清晰的了解，从而构成一个完整体。

2. 岗位实操型教学实训模式

岗位实操型教学实训模式指在模拟特定的真实工作环境条件下，分岗位模拟或实际操作和处理该岗位的基本业务，提高履行岗位职责的实际能力。

岗位实操型实训模式的特点是实操性、目标性和综合性。该模式直接针对某一产品、项目或任务，以及工艺操作方法和要求，指向明确，要求具体，规范清楚，岗位职责明晰，学生实训操作非常快捷而简便，可培养学生解决实际问题的能力。岗位实操型教学实训要求学生全身心地按照实训目标投入岗位的实际操作训练，完成实训目标和任务；将本专业的理论知识与专业技能结合起来，综合性地运用于岗位实际操作过程中去，以取得实训效果。

3. 范例驱动型教学实训模式

范例驱动型教学实训模式是指给受训学生提供一个典型的实际范例，驱动学生独立思考与分析这个范例，并组织学生讨论交流，从而提出解决问题的各种方案，从中找出最佳方案的实训方法。这一模式生动具体，受训学生参与性强。

范例驱动实训模式特点是可操作性、认识论和灵活性。范例驱动型实训模式为人们提供了一个比抽象理论具体得多的教学行为框架：即提供案例——组织讨论——案例总结、评点。其教学实训的操作性较强；在实训中，从分析解剖范例入手，从分析中了解事物的规律，再进一步总结，归纳和升华，从而达到整合的目的；根据专业知识和技能要求的特点、现有教学条件以及学生知识水平的高低等状况，从方法上灵活的调整，体现对专业特点的主动适应。

4. 职业模拟型教学实训模式

职业模拟型实训模式具有仿真性、有效性、可控性等特点。这种模拟的精髓，在于以仿真动作和行为作为训练的内容开发设想，让学生身临其境，以提高自身适应力和实际业务能力；一方面，职业模拟实训可以压缩学用转化时间和过程；另一方面，这种实训既给学生提供了仿真有效的训练环境，又不打乱企业实际工作岗位的工作程序；此外，还能使学生在短时间内尽快熟悉企业运作过程中所需的各种实际知识和动手能力；体现出所模拟的工作过程可以控制，工作故障可以设置，以利于学生在处理实际工作过程中可能会出现的各种问题。

5. 问题抛锚型教学实训模式

问题抛锚型教学实训模式的内涵包括以下几个方面：一是它要建立在真实问题或事件的基础上，确定的这类真实问题或事件的过程可形象地比喻为"抛锚"。二是一旦"问题"确定了，整个教学环节、要领、内容和方法则被确定了。三是要营造特定具体事物、场景和过程。所以该实训模式也可称之为"情境性教学模式"或"基于问题的教学模式"。

流程再造型、岗位实操型、范例驱动型、职业模拟型、问题抛锚型等实训教学模式不是孤立存在的，在实训课程开发及实施过程中要综合运用。这里以为例介绍以电子产品生产工艺为例，介绍基于工作过程系统化能力本位实训教学模式构建。

二、基于流程再造型实训项目开发

四川电子职业技术学院电子和电气工程专业以中职阶段培养就业能力、高职阶段培养择业能力、应用型本科阶段培养创业能力的能力本位为指导思想，建立根据遂宁及成渝经济区电子企业对高素质技能型人才要求和人才培养目标定位，建立"以岗位能力为主线，双参与、三阶段、四模块"的"1234"人才培养模式,在教学设计即其他教学活动中以职业行动体系为其主参照系，以典型工作任务为载体，使学生能够获得结构完整的工作过程中所涉及到的程序性知识、职业技能和相关的职业体验，在衔接课程中采用分段实施来完成中高职衔接教学。

能力体系在前章节中有详细的介绍，在这里不在叙述，这里以《电子产品生产工艺》为例介绍基于工作过程系统化能力本位教学模式构建。

1. 通用电子产品生产工艺作业流程

通用电子产品生产工艺作业流程主要由生产文件准备、元件采购、焊接、辅助、半成品测试、装配、整机测试、包装发货等环节组成。在通用电子产品生产工艺作业流程及其主要流程图、技术控制要点及主要职业岗位如表 4.1 所示。

表 4.1 通用电子产品生产工艺作业流程其主要流程图、技术控制要点

序号	项目	流程图	技术控制要点	职业岗位
1	生产文件准备环节	新产品导入 → 工艺编写	研发部门提供：PCB 文件；PDF 格式的原理图；正确的各 PCB 焊接清单；正确的整机清单和包装附件清单；机械结构和丝印；对应的单片机程序；对应的测试软件；对应的板卡测试工装；测试指导说明；出货光盘内容；特殊元件的采购注意事项；做线清单和方法；样机；会签文件	产品设计工程师、新产品导入工程师
			焊接作业指导；装配作业指导；包装作业指导；检验作业指导；调试作业指导；辅助作业指导	工艺设计工程师
2	元件采购环节	元件采购和外协 → 元件检验 → 入库	根据采购计划，采购器件；填写入库单，入待检库	采购员
			检验员根据送检通知单，检验元器件，填写检验报告，合格后入库。不合格品按采购控制程序办理	元器件检验员
			仓库管理	仓库管理员
3	焊接环节	□□ → □□□□ → ◇◇◇◇ → □□□□ → ◇◇◇◇	根据生产作业计划，材料清单，填写领料单，领取器件	生产管理
			根据 BOM 装配图、作业指导书，进行作业	装配工、设备调试工、设备操作工
			根据检验标准，对焊点进行检验，如有不合格品，填写返修单，进行返修	焊接品质检验员
			根据 BOM 装配图、作业指导书，进行作业	装配工、设备调试工、设备操作工
			根据检验标准，对焊点进行检验，如有不合格品，填写返修单，进行返修	焊接品质检验员
4	辅助环节	焊线打胶 → 打胶检验	根据工艺要求，对易晃动元件打胶，焊接配线	装配工
			根据检验标准的要求，对已打胶的板卡进行检验，合格品流入下道工序。不合格品，填写返修单，进行返修	装配检验员

续表

序号	项目	流程图	技术控制要点	职业岗位
5	半成品测试环节	板卡调试	根据测试工艺要求对半成品进行调试。合格品流入下道工序。不合格品,填写返修单,进行返修	品质管理
6	装配环节	装配	根据装配工艺,对已调试合格的半成品进行整机装配	装配工
		装配检验	根据检验标准,对已整机装配的设备进行装配检验。合格品流入下道工序。不合格品,填写返修单,进行返修	装配检验员
7	整机测试环节	整机调试	根据测试工艺,对已装配检验合格的设备进行整机调试检验。合格品流入下道工序。不合格品,填写返修单,进行返修	品质管理
		老化	根据老化工艺要求对设备进行老化	测试员
		整机检验	根据整机检验标准,对产品进行检验,合格品进行包装,不合格品填写返修单,进行返修	检验员
8	包装发货环节	包装入库 结束	根据包装工艺,对已调试合格的产品进行包装。填写入库单,进入成品库	仓库管理

  电子产品装配过程是先将零件、元器件组装成部件,再将部件组装成整机,其核心工作是将元器件组装成具有一定功能的电路板部件或叫组件(PCBA)。在电路板组装中,可以划分为机器自动装配和人工装配两类,机器装配主要指自动装配(SMT)、自动插件装配(AI)和自动焊接,自动装配技术核心是自动贴片,自动贴片是将贴片封装的元器件用 SMT 技术贴装到印制板上,经回流焊工艺固定焊接在印制板上。人工装配指手工插件、手工补焊、修理和检验等,人工将那些不适合机插、机贴的元器件插好,经检验后送入波峰焊机或浸焊炉中焊接。

2. 工作过程导向课程开发流程

工作过程是以工作过程为导向的职业教育的切入点,这里的工作过程是指完整的工作进程,如表 4.1 所示的生产文件准备环节、元件采购环节、焊接环节等电子产品生产过程。工作成果是具体的产品。在完整的生产过程中,完成最终产品通常是由多个工作过程所组成的。如电子产品装配过程的电路板 SMT 贴装生产过程、DIP 插装生产过程、品质检验生产过程等。工作过程包括劳动者、工作对象、工作工具、工作方法和工作产品等核心要素,这些要素相互作用,并在特定的工作环境下完成预期的工作成果,工作过程随之结束,工作过程的核心要素关系如图 4.5 所示。图 4.5 中,工作对象是劳动者可以改变、加工、运输或再加工的原料,并紧接着能传递给下一个劳动者;工作工具是技术的外显形式,工作工具处于技术工人和工作对象之间,对工作工具的要求、选择和应用是由工作过程确定的。

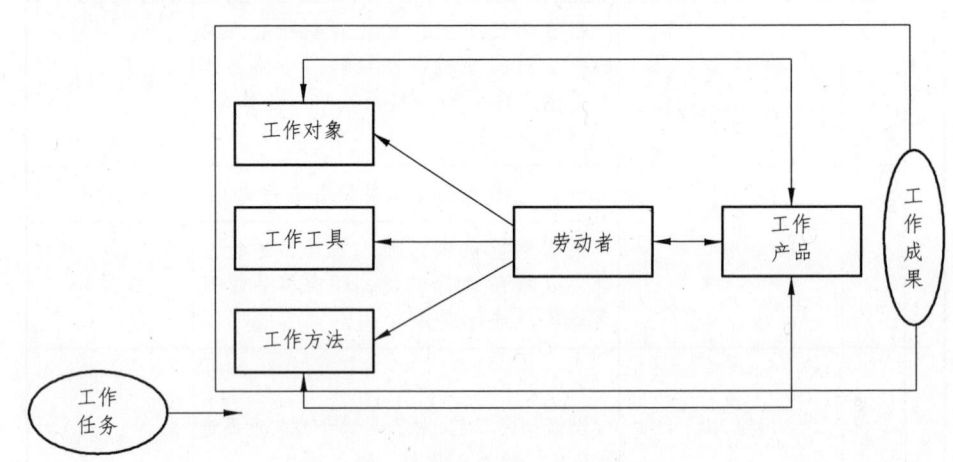

图 4.5 工作过程的一般结构

以工作过程为导向职业教育的教学内容不再指向于技术变化的外在表现,而是指向于职业工作任务,把专业劳动作为一个整体来看待,而且专业劳动是以典型的工作任务和工作联系为导向的。以工作过程为导向的职业教育突破了学科体系的框架,把工作过程知识或技能作为职业教育的核心的关键是讲工作领域转为学习领域,在职业教育中学习领域课程开发一般采用如图 4.6 所示的八个步骤来实现。

工作领域转为学习领域的基础上可将工作过程系统化,转变为课程结构,课程结构设计如图 4.7 所示。一个学习领域由能力描述的学习目标、任务陈述的学习内容和总量给定的学习时间组成。

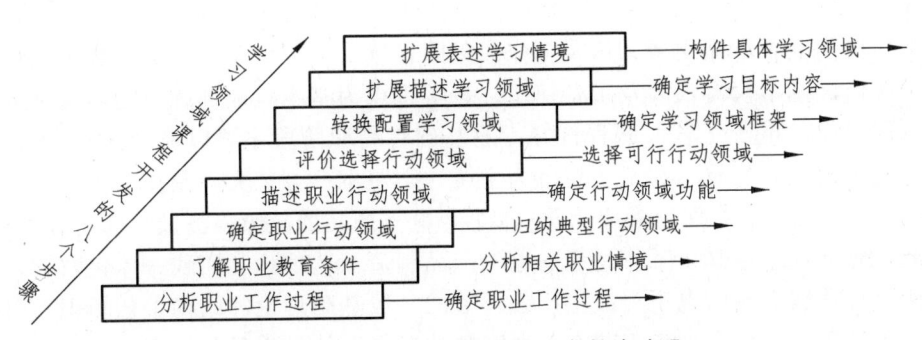

图 4.6　基于工作过程课程开发基本步骤

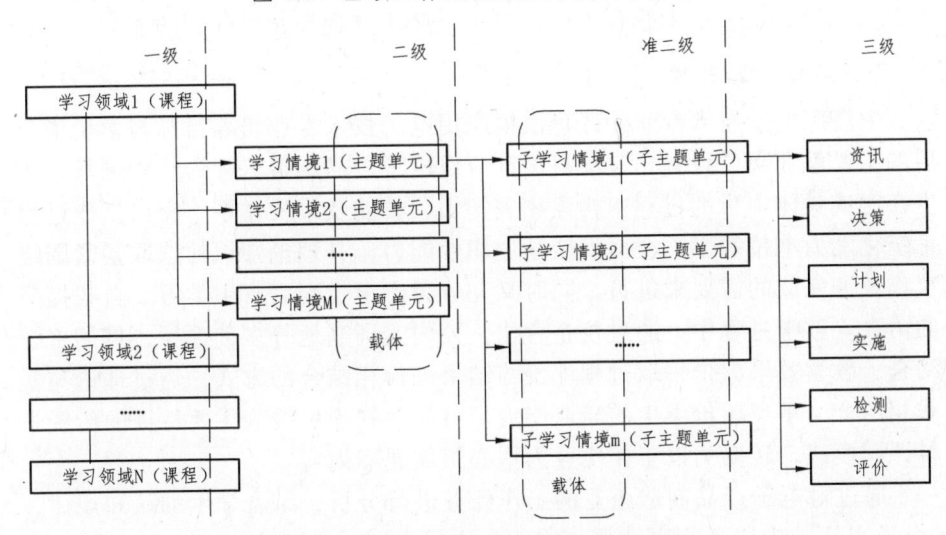

图 4.7　工作过程系统化课程结构设计

从学习领域向学习情境的转换，学习情境、职业能力、学习时间、职业行动能力、专业内容、教学方法等方面突显以学习者为中心的工作行动整体性，培养解决问题的能力和合作式学习方法，强调对学习过程的思考、反馈和分析；重视典型工作情境中的案例、解决实际问题以及学生自我管理式学习。

三、中高职衔接一体化实训课程开发

按学院制定的应用电子技术专业中高职衔接一体化人才培养方案中，电子产品安装与调试技能训练为例，中职段教学课程为《电子产品安装与调试》，高职阶段则为《电子工艺》、《电子产品生产设备操作与维护实训》。

1．中高职课程衔接思路与方法

中职阶段教学课程《电子产品安装与调试》，以常用电子元器件识别与检

测、典型电子产品组成结构及工作原理图识读、典型电子产品手工装配调试及维修、基本仪器仪表及工具使用，教学重点为基本技能训练，为后续进入高职学习《电子工艺》课程打好专业基础；高职阶段主要以典型 SMT 生产工艺流程、工艺技术和工艺规范为主线，学习生产工艺文件制作、生产装备调试与操作、生产现场管理及质量监控、电子产品的故障检测及诊断与维修，通过对学生进行基于工作过程的电子产品制造工艺理论和实践一体化教学，使学生掌握必要的电子产品生产各环节的一般基础理论和结构工艺知识，对电子设备的结构和加工工艺有一个完整的概念，使学生具备从事电子产品加工生产，进行工艺技术管理、解决电子企业生产现场技术问题的能力。

2．课程内容开发

中高职电子技术专业的课程依据应用电子技术专业培养目标与学生毕业后的主要就业岗位设置，其项目设计应以电子产品制造流程为线索进行，学生在完成具体项目的过程中构建相关知识、技能及素质体系，突出工作过程系统化能力本位教学，全面发展学生职业能力。其理论知识的选取紧紧围绕工作任务完成的需要来进行，同时又充分考虑学生今后自主学习、自我提升的需要。教学过程中，通过校企合作，校内实训基地等多种途径，贯彻工学结合。教学效果评价采取过程评价与结果评价相结合的方式，通过理论与实践相结合，重点评价学生的职业能力。打破以知识传授为主要特征的传统学科课程模式，转变为以工作任务为中心组织课程内容。

通过对电子产品制造企业的工作任务进行分析，结合学生的认知规律，《电子产品安装与调试》《电子工艺（含 3 周实训）》课程的主要知识与职业能力要求如表 4.2 所示。

表 4.2　应用电子技术专业课程知识与职业能力要求

序号	工作项目	知识要求	技能要求	中高职衔接教学内容安排
1	编写生产工艺流程图	① 了解电子产品制的整个工艺流程； ② 安全生产知识	熟练编写工艺流程图	① 中职了解生产流程； ② 高职进行工艺流程设计
2	元器件识别、依照元器件标准，制作和利用工装实现来料检验	常用元器件的主要技术参数、标示方法、测试方法和选用原则	① 能够从工艺的角度认识电子元器，能用仪表检验、判断电子元器好坏； ② 能根据不同用途选用元器件	① 中职完成主要元器件识别； ② 高职制订来料检验方案

续表

序号	工作项目	知识要求	技能要求	中高职衔接教学内容安排
3	列 BOM 表（元器件清单）	① 识别电子产品的组成元件并分类；② 电子元器件采购要点	① 列出产品的元器件清单 ② 多种途径查找元器件供应商	① 中职初步认识元器件；② 高职编制采购清单
4	编写工艺文件（生产文件、作业指导书）	① 工艺文件的格式；② 编排工艺的注意事项	基本掌握编制电子产品工艺文件	高职阶段完成
5	器件成型与手工插件，掌握技术要点，熟练操作	① 手工插件的手法与技术要点；② 员工管理的初步知识；③ 5S 初步	① 基本掌握 10 人左右的插件线的管理方法 ② 初步掌握提高插件效率的方法	① 中职掌握插件操作；② 高职掌握手工插件生产线管理
6	手工焊接 THT 元件	① 共晶焊料与非共晶焊料知识；② 手工焊接的温度要求和技术要点	① 熟练进行手工焊接，焊点质量好 ② 能初步了解焊接质量的专业分析设备与方法	① 中职熟练掌握手工焊接操作要领；② 高职掌握专业焊接质量分析
7	手工焊接 SMT 元件	SMT 元件焊接技术要点	熟练掌握 SMT 元件的手工贴装与焊接	① 中职初步掌握；② 高职强化
8	手工浸焊与元器件切脚	① 各种焊料的手工浸焊温度设置；② 元器件切脚机的结构与维护；③ 锡炉与切脚机的使用安全知识	① 掌握设置浸焊炉温度的方法和使用温度计；② 掌握元器件切脚机的操作；③ 基本掌握磨刀机的使用方法	中职阶段掌握
9	波峰焊机操作	懂得波峰焊机的设备构造及工作原理	基本掌握波峰焊机的操作方法	高职阶段掌握
10	编写无铅工艺文件，执行 ROHSI 指令	① 无铅工艺的要性；② ROH 指令的主要内容	① 实施无铅管理作业；② 无铅生产管理文件的制订	高职阶段掌握
11	无铅波峰焊接机操作	① 了解无铅波峰焊接设备构造、工作原理；② 了解无铅波峰焊与有铅波峰焊的异同	基本掌握无铅波峰焊机的操作	高职阶段掌握

续表

序号	工作项目	知识要求	技能要求	中高职衔接教学内容安排
12	补焊与电多外观检验	① 补焊的基本要求与注意事项之；② 外观不良的评判要点与标识方法	① 能够发现电路板的焊接不良点并予以修正；② 对外观不良的点做好标识	① 中职初步掌握维修方法；② 高职进行不良分析，编写数据报表
13	制作和使用测试工装，操作ITC/ATE机器	① 掌握基本的电路分析方法；② 常用的维修方法	① 掌握常用测量仪器的使用；② 查找并排除故障	① 中职掌握设备基本操作方法；② 高职可进行维护与测试方案的制订
14	电路维修	① 了解产品的检测方法；② 了解ICT和ATE设备的工作原理；③ 可靠性试验基本知识	熟练掌握使用ICT设备进行产品质量检测 初步掌握基本的测试工装制作	① 中职掌握基本维修方法；② 高职编写作业指导书并可进行反溯分析，与全面质量管理关联
15	维护与操作SMT贴片机、丝印机	了解SMT组装技术基本知识及其设备构造、工作原理及贴片生产线组成	基本掌握CASIO贴片机的操作	高职阶段掌握
16	维护与操作回流焊机	懂得回流焊机的设备构造及工作原理	设置回流焊机焊接温度曲线、比较熟练操作回流焊机	① 中职阶段掌握初步操作；② 高职掌握原理与维护
17	维护与操作邦定机	了解邦定机设备构造、工作原理	基本掌握邦定机的操作	高职阶段掌握
18	进行产品质量管理、检验与认证	① QC工作职责；② 6S初步	基本掌握电子产品的调试与进行可靠性试验	高职阶段掌握
19	企业生产现场管理，组建现代企业架构	5S 生产组织管理	① 人员管理实施；② 品质管理实施；③ 生产计划实施	① 中职了解概念；② 高职掌握并进行实施；③ 方案的确定

通过课程项目案例开发，构建中高职衔接的课程教学内容，明确各阶段的案例特点，并配套相应的辅助训练，以知识与职业能力分解表为依据，设

计了10个学习情境,如表4.3所示,学习情境按照从简单到复杂的规律进行排序。学习情境设计模版、授课计划模版如表4.4、4.5所示。

表4.3 学习情境项目设计

序号	学习情境	项目名称	学时数	主要教学内容
1	学习情境一	助听器的安装与调试（关键词：THT器件识别与测试、THT焊接技术）	14学时中职阶段完成	① 电子元件（电阻、电容、电感）识别和检测； ② 电烙铁使用及维护； ③ 焊料及装配辅料选择； ④ 焊接5部法
2	学习情境二	扩音器的安装与调试（关键词：THT器件识别与测试、THT焊接技术）	14学时中职阶段完成	① 数字万用表基本操作使用； ② 半导体二极管、三极管识别和检测； ③ 电子产品装配前的准备工艺； ④ 手工拆焊； ⑤ 手工焊接工艺
3	学习情境三	停电报警器的安装与调试（关键词：THT器件识别与测试、THT焊接技术、工艺流程、作业指导书）	14学时中职阶段完成	① 基本电子元器件的识别和检测； ② 识读电子技术文件； ③ 电子产品装配前的准备工艺； ④ 常用工具仪器设备的使用； ⑤ 手工装配工艺
4	学习情境四	无线话筒的安装与调试（关键词：THT器件识别与测试、电路识读、品质检测）	14学时中职阶段完成	① 基本电子元器件的识别和检测； ② 识读装配工艺文件； ③ 常用工具仪器设备的使用； ④ 电路关键参数测试与调试； ⑤ 品质检测
5	学习情境五	数字钟的安装与调试（关键词：流水线、手工插件、手工浸焊、整机装配、工艺流程）	20学时中职阶段完成	① 整机装配与调试； ② 整机品质检测； ③ 整机插装
6	学习情境六	收音机的安装与调试（关键词：磁屏蔽、手工插件、波峰焊、工艺流程、作业指导书）	20学时中职阶段完成	① 整机装配与调试； ② 整机品质检测； ③ 整机插装

续表

序号	学习情境	项目名称	学时数	主要教学内容
7	学习情境七	数字万用表的安装与调试（关键词：流水线、手工插件、波峰焊、工艺流程、作业指导书）	20学时 中职阶段完成	① 分析万用表电路工作原理；② 安装万用表电路；③ 调试万用表电路参数；④ 以流水线插件+手工浸焊方式进行
8	学习情境八	单片机开发电路板（关键词：SMT器件识别与测试、设计文件输出、SMT焊接技术）	30学时 高职	① PCB文件输出；② PCB线路板制作；③ SMT元器件识别和检测；④ 手工焊接SMT元件
9	学习情境九	LED球炮（关键词：SMT手工焊接、混装、邦定、工装与夹具制作）	30学时 高职（企业工学交替）	① 手工焊接SMT元件；② THT与SMT混装工艺；③ SMT元器件识别和检测；④ SMT生产设备操作
10	学习情境十	个人计算机主板制造工艺分析（关键词：印刷机、贴片机、回流焊、点胶机、自动化生产、BGA、无铅、5S、6σ、可行性测试、产品认证）	60学时 高职	大型复杂产品自动化生产线作业（基于仿真系统理实一体化教学）

表 4.4 学习情境设计模版

学习情境：					学时：
	学习目标		主要内容		教学方法
知识目标： 技能目标 素质目标					
教学材料	使用工具	学生知识与能力准备	教师知识与能力要求	考核评价	备注
教学组织步骤	主要内容			教学方法与建议	学时分配
资讯					
计划					
决策					
实施					
检查					
评价					

表 4.5　授课计划模版

授课班级		周　次		日期节次		授课学时	
教学内容							
工作任务							
教学目的与要求	知识						
	能力						
教材章节							
重、难点							
资料准备							
教学方法							
教学用具							
教学环节							
****整体工作流程：（可选）							
子任务***（可选）							
环节	内　容				师生活动		时间
复习回顾	（已学习过的相关知识的复习）（可选）						
任务分析	1. 操作时机： 2. 工作目标： 3. 参与人员： 4. 准备事项：				教师讲述		
背景知识	（相关的新的知识、术语和背景信息）（可选）						
工作流程					教师讲述		
举例演示	（对复杂的或难度较高的工作过程进行举例演示）（可选）				教师演示		
任务实施	1. 工作内容： 2. 后续工作安排： 3. 参考工具和模板： 4. 成果清单：						
总结评价	1. 重点内容： 2. 注意事项：						

续表

练习巩固	（对操作性很强的，进行进一步的训练巩固）（可选）	教师布置练习内容，学生自主完成，教师指导	
知识拓展	（对本项目未涉及的、应当了解的相关知识进行介绍）（可选）	教师讲述	
参考资料（模板、案例与其他学习资料）			
（模板、案例只列目录，另附文档）			
课后学习指导（作业、思考与资料查阅）			
课堂教学总结			
教学目标完成情况总结：			
完成效果	经验总结		进一步的思考
存在的主要问题分析			
存在问题	原因分析		改进措施

第五章
中高职衔接的校企合作模式

校企合作是指校企双方根据产业结构、技术结构、企业发展、市场需求等方面的需要，共同研究专业设置、培养目标、人才规格、教学计划、课程和教学内容的安排，共同承担相应的教育管理工作的一种办学模式。校企合作有学校层面和企业层面之分。就学校层面而言，校企合作是职业院校谋求自身发展、实现与市场接轨、大力提高育人质量、有针对性地为企业培养一线实用型技术人才的重要举措，其初衷是让学生在校所学与企业实践有机结合，让学校和企业的设备、技术实现优势互补、资源共享，以切实提高育人的针对性和实效性，提高技能型人才的培养质量。而就企业层面来说，校企合作可以充分利用社会的科技力量及知识资源，以求低成本、高效益地发展企业。

校企合作是一种注重培养质量，注重在校学习与企业实践，注重学校与企业资源、信息共享的"双赢"模式。校企合作做到了应社会所需，与市场接轨，与企业合作，实践与理论相结合的全新理念，为教育行业发展带来了一片春天。

第一节 校企合作主要方式及要求

校企合作是职业院校学校培养高素质技能型人才的重要模式，是实现职业院校学校培养目标的基本途径。学院一直在致力于发挥好学校和企业（或行业）作用的同时，进一步促进人才培养模式和办学机制的根本转变，加大推进校企合作力度，更好地发挥职业学校高素质技能型人才培养基地的作用。我们结合应用电子专业实际，借鉴中高职衔接的经验，提出了以下校企合作目标：以服务为宗旨，以就业为导向，大力推进校企合作人才培养模式，突出实践能力的培养，加强为经济社会发展服务的能力，深化校企合作融合度，更新教学理念，依托企业行业优势，充分利用教学资源，建立校企深度合作、紧密结合、优势互补、共同发展的合作机制，达到"双赢"的目的，提升教育教学水平和人才培养质量，努力开创校企合作的新局面。

一、校企合作主要方式

1."定向"培养模式

根据应用电子专业综合实力，我院应用电子技术专业主动了解国内各大企业单位的用人需求，积极主动地与企业单位沟通协商，使学生直接学习用人单位所急需的职业岗位知识和技能，达到供需共识，签订订单培养协议书；明确双方职责，根据企业用工要求，制定切合培养目标的教学计划和开课计划并与企业共同组织实施教学，对学生进行定向培养。在"定向"培养中，企业提供实习教学条件并投入一定资金，用于学校添置必需的教学设施、实习实训场地建设、改善食宿等办学条件和设置学生专项奖学金等方面；学生毕业并取得相应的职业资格证书后接收学生就业。

2．顶岗实习模式

通过前两年（1~4学期）在校学习，培养学生本专业的理论知识、实践技能及职业基本素质；从第5学期开始，根据企业需求工种和用工条件决定培训期限，在校外实习实训基地进行教学实习和实训，在企业实践教师指导下实现轮岗实操培训，熟悉企业一线相应岗位的实际操作标准与要求，提升职业岗位技能，做到与工作岗位"零距离"对接，为顶岗实习奠定坚实基础，然后进行顶岗实习，拟定就业岗位，以"准员工"身份进行顶岗实际工作，学生接受企业的分配和管理企业付给学生相应岗位的劳动报酬。

3．见习模式

根据各专业的实际情况，每学期安排学生到企业行业参观和见习两周以上，让学生了解企业，了解生产流程和设备设施工作原理，学习企业文化，体验企业生活。这样有助于学生理论联系实际，提高学习兴趣和培养他们爱岗敬业的精神。

4．双方职工培训和研发模式

利用专业教师资源、职业技能鉴定培训点、继续教育等资源，主动承接企业的职工培训工作及继续教育工作，专业教师参与企业的研发项目和技术服务工作，建立良好的双方支援体系，互惠互利，互相支持，获取企业对设备设施及实习耗材的支持和帮助。

5. 生产经营模式

利用学校的场地和其他资源优势，主动与企业合作进行相关的项目投资经营。学校以场地或其他现有资源作为股份参与投资，利用企业生产经营的优势，解决学校的人才培养的途径和方式，以生产项目带师生实训，弥补学校办学经费的不足。

6. 校企合作开发课程

校企合作课程开发应考虑到实现教学与生产同步，实习与就业同步。校企共同制订课程的教学计划、实训标准。学生的基础理论课和专业理论课由学校负责完成，学生的生产实习、顶岗实习在企业完成，课程实施过程以工学结合，顶岗实习为主。

开发的课程应具备以下特点：① 课程结构模块化，以实际工作岗位需求分析为基础，其课程体系、课程内容均来自实际工作任务模块，从而建立以工作体系为基础的课程内容体系；② 课程内容综合化，主要体现在理论知识与实践知识的综合，职业技能与职业态度、情感的综合；③ 课程实施一体化，主要体现在实施主体、教学过程、教学场所等三方面的变化。也就是融"教、学、做"为一体，构建以合作为主题的新型师生、师徒、生生关系，实现教具与工具、耗材与原料相结合，做到教室、实训室或生产车间的三者结合等；④ 课程评价开放化，除了进行校内评价之外，还引入企业及社会的评价。

7. 校企合作开发教材

教材开发应在基于课程开发的基础上实施。教材开发应聘请行业专家与任课教师针对专业课程特点，结合学生在相关企业一线的实习实训环境，编写针对性强的教材。教材可以先从讲义入手，然后根据实际使用情况，逐步修正，过渡到校本教材和正式出版教材。

二、中高职衔接模式下校企合作具体做法

为了确保校企合作的顺利开展，保证两种层次教育之间的合理过渡，契合企业的发展需求，促进校企合作层次更高、广度更宽、深度更厚，我们采用了以下具体做法。

1. 共同研究能力标准

中高职衔接能力标准制定，既要有利于选拔高职人才，又要符合企业实际发展，同时要考虑到对中职专业建设的推动与促进作用。我们根据遂宁及成渝经济区电子产业的特点和发展需求，以电子产品装、调、修和设计为技能目标，以高素质高技能人才为培养目标，联合多所中职学校和多家电子企业，共同研究应用电子技术专业中高职衔接能力目标，分段实施，分级培养。

2. 合作共建衔接课程

在衔接过程中，课程结构的衔接处于核心位置，课程结构的设计应该充分考虑企业的实际需要。在课程内容衔接上，我们既要依据中高职学生的教学目标和教学特点，同时要充分考虑合作企业的人才知识结构的需求，教学计划、课程设置与教学内容的安排和调整等教学工作应征求企业或行业的意见，三方共同对教学内容和教学顺序进行仔细商量和研究，使其同企业行业紧密联系，使学生在校期间所学的知识能够紧跟时代发展步伐，满足企业发展的需要。要尽量避免课程的低水平重复建设，考虑课程内容的一致性和深入性，要加深并拓宽企业知识，让学生真正了解岗位，了解企业，认同企业文化和氛围。

3. 合作制定实施方案

企业人才需求应该是职业教育关注的重点，职业教育既要从企业需求出发，也要落脚到企业人才需求。为了更好地满足企业行业对人才的需求，职业教育应该与行业企业深度合作，共同制定职业教育的教学标准和教学体系，给中高职教育衔接提供有力保障。在教学目标的设计上，充分考虑企业用人需求，邀请企业专家共同制定人才培养方案和课程体系；在具体的教学实施过程中，邀请企业人员共同参与到教学环节中来，充实目前的职业教育内涵；在对学生考核过程中，充分考虑企业的用人标准，将职业素养和职业标准纳入到正常的考核体系中来。

4. 共建共享师资队伍

每学年要选派10%的教师到企业一线参加2个月以上的实践锻炼，重点提高教师的专业能力和实践教学能力。每个专业至少聘请或调进3个以上生产和服务第一线的高技术人员和能工巧匠充实教师队伍。

增加教师企业一线工作经历，提高教师专业实践能力。选派骨干教师深入到企业一线顶岗锻炼并管理学生，及时掌握企业当前的经济信息，技术信息和今后的发展趋势，有助于学校主动调整培养目标和课程设置，改革教学内容、教学方法和教学管理制度，使学校的教育教学活动与企业密切接轨。同时学校每年聘请有较高知名度的企业家来校为学生讲课、做专题报告，让学生了解企业的需要，让学生感受企业文化，培养学生的企业意识，尽早为就业做好心理和技能准备。

第二节　中高职衔接校企合作模式构建

积极推进"政行企校合作""园院合作"和"区校合作"，进一步提高遂宁市应用电子技术教育理事会、遂宁市先进制造业职业教育集团在校企合作、协同育人的作用；充分利用遂宁英创力科技、遂宁印制板联盟等深度合作基础，积极探索现代学徒制试点；与南充三环电子、成都核动力公司签订专业建设合作战略协议，开展订单、定向联合培养；承包四川联恺电子新型节能光源生产线，建设"厂中校"，实现合作办学、合作育人、合作就业、合作发展。

一、现代学徒制

现代学徒制是由企业和学校共同推进的一项育人模式，其教育对象既包括学生，也可以是企业员工。现代学徒制有利于促进行业、企业参与职业教育人才培养全过程，实现专业设置与产业需求对接，课程内容与职业标准对接，教学过程与生产过程对接，毕业证书与职业资格证书对接，职业教育与终身学习对接，提高人才培养质量和针对性。建立现代学徒制是职业教育主动服务当前经济社会发展要求，推动职业教育体系和劳动就业体系互动发展，打通和拓宽技术技能人才培养和成长通道，推进现代职业教育体系建设的战略选择；是深化产教融合、校企合作，推进工学结合、知行合一的有效途径；是全面实施素质教育，把提高职业技能和培养职业精神高度融合，培养学生社会责任感、创新精神、实践能力的重要举措。

四川职业技术学院与遂宁市英创力电子科技有限公司于2016年联合申报应用电子技术专业现代学徒制试点项目，被四川省教育厅、四川省经济和信息委员会批准为第二批省级现代学徒制试点项目。

1. 合作企业概况

英创力集团 2005 年成立于广东省惠州市，2011 年投资遂宁市英创力电子科技有限公司，现有员工 1 000 余人，是一家行业领先的 PCB 多层线路板制造企业，专业生产 2~30 层高品质快板、样板及小批量线路板。年销售额达 5 亿元，是国家高兴技术企业和四川省企业技术中心、技术创新培育企业及试点企业，升级知识产权工程试点企业。公司拥有现代化厂房及全套世界先进水平的线路板生产和测试设备，产品广泛应用于通信、通讯、电子、电力、计算机、仪器仪表、国防军工、航空航天等高科技电子领域，服务于全球 50 余个国家、2 800 余家客户。2015 年 12 月，由遂宁市英创力电子科技有限公司牵头成立了遂宁市印制电路协会，成员达 80 余家。英创力集团已发展成为拥有一个国际供应链管理公司，一个博士后工作站，一家集成印制电路研发机构，一所印制电路技术职业学校和培训中心的集团公司。

英创力坚持走科技兴业、科学管理之路，秉持"以人才和技术为基础，提供高品质的产品和服务，全力协助客户获得最大成功"的经营理念，拥有一批行业经验丰富的高素质管理人才和技术人才。

该公司内设遂宁英创力印制电路技术培训中心，通过校企合作，共同制定人才培养方案、共同参与教育教学过程、共同培养双师型教师、共同建设技术培训中心，实现招生即招工、入校即入厂、上课即上岗、毕业即就业的培养目标。

2. 项目实施的必要性与可行性分析

PCB 行业作为电子元器件基础行业，技术含量高，据不完全统计，我国印制电路板生产企业上万家，全年产值达到 220 亿美元，约占全球总产值的 45%，高端技能型人才的需求量每年达 20 万人之多。

现代学徒制能更好地适应劳动力市场需求，解决人力资源供给与岗位需求产生的不匹配问题，既可解决企业用工难的问题，又能提高职业院校学生就业对口率和稳定率，缩短适应期，有利于促进就业、改善民生。同时，建立现代学徒制有利于促进校企合作，更好地整合校企双方资源，实现校企联通，产教融合，实现互惠共赢。

因此，通过现代学徒制试点培养出行业高精尖的技能人才，是 PCB 行业可持续发展的根本，是国家战略性新兴产业保障。

遂宁市英创力电子科技有限公司、四川普瑞森电子有限公司、遂宁市 PCB 版联盟与四川职业技术学院已开展多年的校企合作，开办多届订单班人才培养,在互惠共赢上有深刻的认识和体会,为现代学徒制试点奠定了良好的合作基础。

四川职业技术学院建有"遂宁市电子技术教育理事会"和"遂宁市先进制造业职教集团",凝聚了"政行企校"各方力量,汇集了企业、本科大学、高职学院、中职学校各方资源,为"校际合作、校企合作"搭建了舞台,为开展现代学徒制试点提供了平台、集聚了资源。

四川职业技术学院应用电子技术专业依托遂宁市印制电路板协会,汇聚了多家 PCB 版企业,不仅有领先的生产设备、先进的管理模式,更是集聚了众多的拔尖人才;学院有应用电子技术专业现有校内专兼职教师 32 人,其中教授 6 人、副教授 10 人、高级实验师 1 人、高级工程师 2 人、"双师型"教师 24 人。校企合作的教学团队,为现代学徒制试点工作的实施提供了一支数量足、质量优的教师队伍。合作企业建有博士后工作站、国家级实验室,设备先进、技术领先;学院建有功能完善的近 20 个校内实训室,企业、学校的实训室、实习基地,为"学习——实践——再学习——再实践"的螺旋式上升的现代学徒制培养模式提供了良好的教学实践条件。

2016 年 7 月学院与遂宁英创力公司签署了《现代学徒制合作办学协议》,在现代学徒制管理办法制定、实施方案制定、人才培养方案制定、课程体系开发、校本教材编写、教学实训安排、专业师资培养、教学质量监测、技能等级鉴定等方面做了全面规划。

因此,不论是职教理念、还是教学手段,不论是教学团队、还是教学资源,不论是管理措施、还是具体实施,校企合作开展现代学徒制试点工作都是可行的。

3. 现代学徒制人才培养方案及推进举措

人才培养目标定位为依托遂宁市印制电路板协会、遂宁市英创力电子科技有限公司,面向西部电子信息生产产业,在应用电子技术专业电子产品装、调、修及设计的人才培养目标基础上,以适应现代 PCB 线路板设计、制造企业对高素质、专门化人才需要,培养能从事印制电路板设计、生产、检测与管理等岗位工作,具有团队创新意识、精深专业技能和良好职业素养的高端技能型人才。

在现应用电子技术专业教学班级的基础上,发动宣传,本着学生自愿的原则,校企双方共同选拔组建现代学徒制班,针对不工作岗位方向(PCB 线路板设计方向与线路板品质管理方向),分别制定培养方案,探索现代学徒制人才培养规律。

校企以"合作共赢、职责共担"原则，与遂宁市印制电路板协会，共同设计人才培养方案，制订专业教学标准、课程标准、岗位标准、企业师傅选择与任用标准、人才质量考核标准及人才培养实施方案。

利用学院终身教育学习平台、应用电子技术专业课程资源库、PCB线路板企业培训库，建立"工学交替、多证融合"的课程体系；以人才培养对接用人需求、专业对接产业、课程对接岗位、教材对接技能为切入点，深化工学交替现代学徒制教学内容改革；将所学专业分解成若干个岗位，再将每个岗位分解成若干个技能元素。根据专业教学计划要求，结合行业的人才需求和岗位要求，科学、合理提炼岗位核心技能，由行业、企业、学校和有关社会组织共同研究制定课程标准与教学实施计划，编写具有鲜明职业特色的高质量培训教材。

校企共同制定"英创力学徒班"教学过程实施计划，根据不同类别的学生（员工）的特点与岗位需求，依据认知规律与技能、素养培养过程，制定与安排教学过程计划。

校企共同成立学徒班工作组，制定学分管理办法，设计弹性学制、创新"英创力学徒班"进退时间点，最大程度上保障学生、企业、学院、家长等的利益；制定学徒岗位考核与收入评价督查制度，保障学徒利益，确保学徒人身安全。在试点的基础上，总结经验，提出和修订现代学徒制的管理标准。

修满校企共同制定教学计划课程学分、完成企业岗位学徒工作量、取得国家及行业相关职业技能等级证书的学生，获得毕业证书和校企共同签发的学徒证书。在学生自愿的原则下，成为遂宁市印制电路板协会内企业正式员工，享受企业正式员工的一切权力。

4．项目教学实施

第一阶段，工学交替，企业课程植入（第1-4学期）。

在保证中高职衔接专业人才培养方案的基础上，工学交替，植入企业《PCB基础》、《Genesis工程设计》《PADS工程设计》《质量管理体系》《工匠精神》等课程，按PCB工程设计及品质检测职业标准及行业规范，完成初级培训及技能考核。主要目标为：

① 掌握Genesis、PADS、AD等PCB设计软件的基本操作；
② 熟悉典型PCB生产企业PCB生产工艺流程；
③ 熟悉PCB生产各岗位核心技能；
④ 能根据手册和实物制作较复杂的封装；
⑤ 能独立或在指导下制订较详细的布线规则；

⑥ 具有 400 个元件和 1 000 个网络或以下单、双面和多层 PCB 进行较合理和有序的布局和布线；

⑦ 布局布线过程中兼顾考虑关于热设计、结构设计、电磁兼容性设计、美观等方面的要求；

⑧ 能正确导入、导出机械图纸并基本看懂结构尺寸要求；

⑨ 具备基本的可制造性方面知识并用于实践，所设计板子可用于生产。

第二阶段，企业顶岗培训，校内课程植入（第 5 学期）。

学生与企业师傅、学院教师签订师徒协议，制定阶段培训及考核目标与计划，同时植入校内《毕业设计》《课程设计》《顶岗实习》等课程，按 PCB 工程设计及品质检测职业标准及行业规范，完成中级、高级培训及技能考核。主要目标为：

① 学习具有较多的阻抗、时延、过冲、串扰、环路、信号回路、平面完整性、内层分割槽隙、信号端接等方面的高速和模拟 PCB 设计知识，能独立或在 SI 工程师等指导下完成关键信号和区域的 SI 仿真和分析并提出改进意见；

② 能正确进行板的叠层结构设计，并在满足性能要求下尽量减少层数、降低成本；

③ 掌握各种常见 PCB 设计软件之间的文档转换，转出文档基本可用于修改；

④ 熟悉高速和模拟 PCB 设计中的所有要求，所设计或指导他人设计板子 80% 以上不存在相关问题；

⑤ 具备丰富的可制造性方面知识并用于实践和指导工作，所设计或指导他人设计板子 90% 以上可用于直接量产；

⑥ 熟练高速规则控制下的高密度布局、布线，并且所布模块或板子在稳定可靠的同时能做到 80% 以上具有美感；

⑦ 具备 PCB 生产关键设备实施的规范操作使用与维护保养；

⑧ 能实现从产品设计到成品出厂全生产流程操作。

第三阶段，入职测试（第 6 学期）。

根据学生个体技术掌握程度不同，分批次按 PCB 设计、PCB 品质管理、PCB 生产设备操作及维修等岗位职责要求，结合行业职业规范与企业文化完成入职培训与测试。主要目标为：

① 熟悉 PCB 设计、PCB 品质管理、PCB 生产设备操作及维修等岗位职责；

② 熟悉 PCB 电路板的检查标准；

③ 熟悉 PCB 现场管控；
④ 熟悉 PCB 行业规范；
⑤ 具备 PCB 行业相关岗位上岗能力与职业资格。

第四阶段，就业。

通过前三阶段的学习与培养，使学生能达到 CPCA 中国印制电路行业协会认可的初级工及中级工职业技能等级，具备 PCB 行业相关岗位上岗能力与职业资格。学生与供职企业签订就业合同进行上岗就业。主要目标为：

① 一次性就业率达到 95% 以上；
② 专业对口率达到 100%；
③ 就业稳定率达到 85% 以上。

二、订单式人才培养

订单式人才培养模式是指企业根据自身的人才需求及规格向学校下达人才培养订单，学校接单后，在企业的主导和协作下按订单进行人才培养，所培养的人才经企业验收合格后即被企业录用的一种人才培养模式。

订单式人才培养模式在提升学生技能水平、促进就业等方面发挥了重要作用，为企业发展提供了人力资源支撑，被越来越多的职业院校和企业应用。特别是在当前我国大学生"就业难"现象日益严峻的新形势下，部分职业院校将拥有订单作为扩大招生、确保规模化发展的"金字"招牌，收到了较好效果。

在我院校企合作订单式人才培养模式方式较多，当前社会常见的紧密型订单式人才培养模式、直接型订单式人才培养模式、间接型订单式人才培养模式、1+1+1 订单式人才培养模式均有应用。应用电子技术专业为省级教改专业、省级示范专业，就业岗位群分布较广，从历届毕业学生就业分析来看专业一次就业率长期稳定在 98% 以上，专业对口率长期稳定在 95% 以上，专业稳定率也维持在 85% 以上。应用电子技术专业采用订单式人才培养的主要目标不是保证学生的就业率，而是学生的高品质就业。

在订单是培养中，对合作企业选择应慎重，在选择企业时首先通过充分的调研，掌握合作企业的经营状况及社会认可度，充分了解企业发展的规划；通过走访政府相关部门，详细了解国家产业政策及拟合作企业的社会责任履行状况，听取相关建议；安排学校管理人员和部分专业教师深入企业了解拟合作培养人才的具体就业岗位技术要求、工作环境、薪金待遇等情况，全面收集岗位信息。同时，广泛征求学生及其家长的意见，在组建订单班前组织学生及家长到企业参观，邀请企业负责人详细介绍有关情况让学生及其家长对合作企业的生产现状、企业发展规划及学生本人今后在这行业中的目标定位等方面有较为深刻的印象，便于学生对是否参与合作培养做出正确选择；在签订合作协议时，把学生利益放在首位，综合考虑学生参与订单培养的热情和企业需要以及学校办学条件等因素，科学分析合作协议落实的可行性。在订单培养结束时，职业院校应加强对毕业生就业状况的跟踪调查工作，为签订新的订单奠定基础。

为保证学生、学院及企业实现三赢，应用电子技术专业得到长住可持续发展，在订单合作方式根据三方的利益共性需求，不同企业背景及学生层次采用不同的订单培养方式。

1. "1+1+1"订单式人才培养模式

典型案例为我院与遂宁英创力科技股份有限公司合作的应用电子技术专业"1+1+1"订单式人才培养模式（随之合作深入，现已为省级现代学徒制试点项目）。操作方式为 1 年学校为主的基础教育+1 年校企共同的专业培养+1 年企业为主的实习。第一年，学生在学校按照专业教学计划，扎实地学好专业基础知识，教学的主体是学校。第二阶段，学校与企业签订订单式人才培养协议，按照企业的需求修改专业培养计划，制定专业课程和培养方式。第三阶段，学生直接到企业顶岗实习。每个阶段的实施主体并不相同，也不完全以时间来划分，它强调的是在学院的教育环节中，注重于学生基础知识的学习，企业对人才的培养是由浅至深的参与和全程的渗透，由于人才成长的阶段不同，在培养过程中实施三阶段过渡法来划分双方的培养任务。随着学生基础知识的加强和职业素养的逐渐增加，双方的培养重心也在发生偏移。企业参与的培养力度渐渐加强，学生将逐渐融入到企业中，毕业时将以一个成熟企业员工的状态进入岗位发挥作用。这种模式将学校教学和企业实习以及职业教育有机地融合起来，使得教育与行业发展、市场经济相协调，提高了职业人才的培养力度和学生适应市场变化的能力。

2. 直接型订单式人才培养模式

典型案例为我院与遂宁市国家级微电子工业园（主要企业为立泰电子、四川云翔电子、四川篮彩电子等企业）合作应用电子技术专业微电子技术方向的直接型订单式人才培养模式。立泰电子、四川云翔电子、四川篮彩电子、柏狮光电等企业根据其行业发展和技术人才储备需求，到学校开展宣讲，学院组织在校学生参加企业的面试选拔，确定人选，组成特定的"微电子技术方向订单培养"班，学院按企业提出人才培养的标准和规格，根据现有的学院教学资源制定培养方案和教学计划，学生毕业前，企业对学生进行考核验收，对合格者予以录用。最大限度地满足了企业获得人才的紧迫需求,有效地克服了学生培养标准固定化的弊端,提升了学院服务地方产业升级的贡献度。

3. 紧密型订单式人才培养模式

紧密型订单式人才培养模式的典型案例为我院与四川柏狮光电科技有限公司合作微电子技术紧密型订单式人才培养模式。在多年良好的合作基础上,学院与企业共同签订培养协议,企业全程参与人才培养方案的制定及课程开发,建立校企双向导师制度,为有效搭建企业、学校、学生三方交融纽带在学院组建"柏狮青年社";在教学及学生第二课堂活动中企业派专业人员到学校授课;为保障"订单班"学生综合素质能力,为学院免费提供价值 120 万元的生产线设备安装在校内实训基地内,同时企业的技术人员定期带学生到企业顶岗实习;为学生提供 10 万元的奖、助学金,学生毕业以后就直接到该企业就业。企业在整个三年的培养过程中全方位的进行监督和参与,学生的学习目标明确,缩短了学生进入企业的适应期,避免了人才培养的盲目性,节约了成本。

三、生产线托管模式

企业遇到产能扩张而又人力资源紧张的情况下,将生产线整条或部分以外包的方式承包给人力资源公司或有能力满足生产的企业,建立劳动关系,组织劳动生产,在规定的时间内完成企业额定的产品数量和质量。

四川联恺照明有限公司成立于 2012 年 8 月 31 日,坐落在遂宁市经济开发区微电子工业园,是立达信绿色照明股份有限公司下属公司。注册资本 2000 万元人民币。是一个现代型民营高科技绿色照明出口导向型企业,主要从事普通照明用自镇流荧光灯、普通照明用双端荧光灯、支架灯等照明产品及其配套材料的研究开发、制造和销售业务以及进出口贸易。

我校承接四川联恺照明有限公司托管的两条新型节能光源生产线,建设"厂中校",满足企业用工需求,学院近似零投入满足了电子产品整机装配工艺、设备操作、技术管理的实践教学及学生勤工俭学的目的,实现合作办学、合作育人、合作就业、合作发展。

四、联合实训室

《遂宁市"十二五""4+3"产业发展规划》中电子信息产业作为重要支柱产业,是遂宁经济发展的主要方向。遂宁市引进了 100 余家电子企业落户遂宁,已形成一个以市城区为中心，辐射三县两区，涉及电子框架、二极管、三极管、芯片、晶体管封装、集成电路、LED 封装测试、节能灯、半导体照明、半导体器件、光电耦合器、电容器等产业的电子信息技术相关产业带。2011 年，全市 GDP 预计实现 584 亿元、增长 15.1%。遂宁市经信委主任（局长）工作会议中明确指出：为加快实施战略性新兴产业发展，"十二五"期间，要加大政策扶持，着力推动重大技术突破，力争电子产业主营业务收入突破 100 亿。光电技术产业作为遂宁市"十二五"和"4＋3"产业发展规划的一个重要组成部分，在当前提倡节能、环保、高效的大背景下，LED 光电技术产业高速、健康、有序的发展对遂宁市电子信息产业发展将起到重要的支撑作用。

四川职业技术学院与四川柏狮光电深度校企融合，签署校企合作协议，开展订单教学，通过川职院-柏狮"光电技术"校企共育人才项目建设，更好地为遂宁及成渝经济区 LED 光电子企业吸纳、引进、培养高技能应用型人才，增强 LED 光电技术产业核心竞争力。开展川职院-柏狮"光电技术"辅修专业校企人才共育项目，深化校企合作办学、合作育人、合作就业、合作发展；实现人才共育、过程共管、成果共享、责任共担办学理念，提升人才培养质量全面提升遂宁市光电子产业的市场核心竞争力。

四川柏狮光电技术有限公司是四川职业技术学院一家重要的合作伙伴，通过校企双方的共同努力校企合作取得了阶段性成果。校企双方签订了校企合成协议，挂牌并建立了"四川职业技术学院就业实习基地"、"四川柏狮光电技术有限公司人才基地"、成立了柏狮青年社团、建立与完善了柏狮英才奖学金，签订并组织实施了"微电子技术（遂宁）""柏狮光电"订单班，开展了以柏狮光电为主体学院为依托的第二届柏狮储干班培训，在院内校企共建了柏狮企业文化训育室。

四川柏狮光电技术有限公司作为为"遂宁市应用电子技术理事会"和"遂宁市现代服务业职业教育集团"的常务理事单位。与园区企业、教育局、高中职学校签订了"校企人才共育战略合作协议"，与多家企业签订了产品研发协议，多次参与了学院承办的四川省电子类中职骨干教师培训与遂宁市中职骨干教师培训。

为满足光电技术辅修专业生产性实践教学的需要，全面掌握 LED 生产工艺流程、技术规范、品质管理。按照 LED 生产（清洗、装架、压焊、封装、焊接、切膜、装配、测试、包装）工艺流程，校企共建 LED 封装生产性实训车间。其中学校主要提供场地及相关配套设施；企业提供设备（120 万元）、生产工艺管理技术人员。其主要设备包含：固晶机、焊接机、自动点胶机、封胶机、切脚机、自动分光机等。能满足具有一定产出的生产功能。

通过川职院-柏狮，全面提升其企业市场竞争力与学院社会服务能力，为地方经济建设高技能、高素质复合型人才储备提供必要的支撑。

第六章
中高职衔接机制改革

我院自 2011 年启动省教改试点项目"构建终身教育体系与人才培养立交桥，全面提升职业院校社会服务能力"以来，不断地优化中高职衔接的顶层设计，探索建立技术技能人才系统培养的制度体系和运行机制，经过近 6 年的中高职衔接努力，职业教育立体互通立交桥的雏形也已基本形成。我院创新了办学体制机制，满足成渝地区经济社会发展不同层次、不同类型技术技能人才需求，逐步形成适应成渝经济结构调整、产业优化升级需要、中高职优势互补、衔接贯通的人才培养体系，为建设优质职业教育体系奠定了坚实基础；建立了专业共建共享机制，按"科学化""系统化""标准化"的原则建设中高职衔接教学资源库，加大与校企之间、校际之间合作的力度，整合资源、整体联动，实现主要专业实训项目紧贴产业发展，实训流程紧贴生产实际，区域内实训基地共建共享；不断完善和补充衔接工作制度，用制度约束衔接行为，用制度管理衔接过程；工作中不断加大人力、物力投入，严格执行各种衔接规定，严格督查各项工作的规范性。

第一节 "中高职一体化试点班"管理

四川职业技术学院为了切实加强对"中高职一体化试点班"（以下简称"试点班"）的组织管理，提高管理效能和办学质量与水平，促进现代职教体系的切实有效建立，特制定本办法。

为加强对"试点班"的办学管理，特成立以四川职业技术学院分管教学的院长为组长、申办学校所在市州教育局职成教科科长为副组长的"试点班"管理工作领导小组，成员主要由申办学校所在市州教育科学研究所职成教研究室主任 1 人、专职管理人员 1 人、四川职业技术学院相关"试点"专业所在系部负责人组成。

"试点班"管理工作领导小组工作职责为拟订"试点班"开班规划和年度计划，组织制订"试点班"管理方案及规章制度，落实各项教学管理任务，加强过程督导督查，加强质量监控，建立"试点班"管理QQ工作及学生管理群，及时收集、上报、发布相关办学信息，组织专家评审组对办学单位办学情况进行考核评估。

各试点学校也须成立试点工作领导小组，明确职责任务，并于协议签订之后一周内，填写《××学校四川职业技术学院省级教改试点项目试点工作领导小组名单表》，如表6.1所示，上报四川职业技术学院试点办和市州教育局职成教科。

表6.1 省级教改试点项目试点工作领导小组名单表

_____学校

四川职业技术学院省级教改试点项目

试点工作领导小组名单表

组长	姓名		职务	
	手机		QQ号码	
副组长	姓名		职务	
	手机		QQ号码	
	姓名		职务	
	手机		QQ号码	
专职联系人	姓名		职务	
	手机		QQ号码	
成员	姓名	职务	手机	QQ号码
单位审核	单位公章　　　　法人： 　　　　年　月　日			

一、"试点班"申报管理办法

1. 办班对象

"试点班"原则上只设在省内公办中等专业学校（简称"中专"）、中级技工学校（简称"中技"）、职业高级中学/高级职业中学（简称"职业高中""职高"）内，试点班学生属于三年制学历教育学生。

2. 设置原则

为保证"试点班"办学质量，实现中高职一体化"知、技"融通，建立推出机制，"试点班"设置坚持自愿申报、专业对应、计划限制3项基本原则。

（1）自愿申报原则。具备条件的中职学校本着自觉自愿的原则申请开办"试点班"。

（2）专业对应原则。试点学校申请开班"试点班"所涉及的专业必须与四川职业技术学院试点项目组提供的参考专业相对应，不得在参考专业目录之外另行选择专业。

（3）计划限制原则：为保证"试点班"的办学质量与效果，四川职业技术学院试点项目组将综合考虑区域分布、规模数量、基础条件等因素，每年根据试点工作需要，对年度办班的专业、人数、规模进行编制规划，并给出是否同意开办的书面意见，做出明确的开班计划安排，供已办班或新增办班学校遵照执行。

3. "试点班"申报程序

（1）自愿申报阶段

凡年度内，需要新办或增办"试点班"的办学单位，都必须如实填写《四川职业技术学院省级教改试点项目办班申报表》，如表6.2所示。经法人代表签字，加盖单位公章，上报四川职业技术学院省级教改项目试点办公室。试点学校还要同时向所在市州教育局职成教科进行申报备案，经学院教改领导小组组织专家评审，下达《办学通知书》后，方可宣传组织生源，按相关规定开展试点活动，否则，其办学行为不仅无效，而且是违规行为，将按相应规定予以查处，四川职业技术学院不承担任何责任。

（2）专家评审阶段

专家组成员组成为办学资格评审专家组主要由试点领导小组成员、市州教育局相关负责人、学院相应专业负责人等组成，人数原则上为5人及以上，由试点领导小组根据当年申报情况在相应人员中抽取组成。

表 6.2　四川职业技术学院省级教改试点项目办班申报表

申报单位	名称（全称）	（盖章）		
	单位地址			
	法人姓名		联系电话	
	联系人姓名		职务（职称）	
	联系电话		QQ号码	
申报专业	专业名称	开办历史	拟招人数	拟办时间
申报理由	目的意义			
	硬件条件			
	师资力量			
	管理举措			
	预期效果			
专家评审意见	专家组组长（签字）： 　　年　　月　　日			
专家评审意见	学院（公章）	领导小组组长（签字）： 　　年　　月　　日		

专家评审职责为负责审核办学申报资料；实地考察办学基础条件；组织开展可行性分析论证；做出办学资格结论，交由试点工作领导小组审定。

（3）审核批复阶段

四川职业技术学院试点工作领导小组依据评审专家组结论意见，对当年申报办学单位的办学资格进行审核，并对具备条件、通过审核的单位书面下达《四川职业技术学院"试点班"办学通知书》。

（4）签订协议

接到四川职业技术学院试点领导小组下达的《"试点班"办学通知书》的单位，应及时与四川职业技术学院签订《联合办学协议》（协议样本由四川职业技术学院试点办提供），并应严格按照协议要求规范开展办学活动。

二、"试点班"教学管理过程管理

1. 教研活动

加强并适时开展"试点班"教学研究活动，要求把教研活动做深做实，重点围绕人才培养模式和教学模式改革、人才培养方案制订、教学方法手段创新、教材编写、案例归集、特色提炼等方面开展工作。既要求有教研活动的组织机构，又要求填写平时活动记录并按月报送，如表6.3所示。

表6.3 "试点班"活动（会议）情况信息报送表

试点学校		活动（会议）名称	
时间		地点	
参加人员			
内容摘要			
形成的制度、文件、结论等			
解决问题情况	（填写解决问题的方法、手段、措施及结果，重大创新活动能形成典型案例最好，案例材料请用单行材料另行单独报送）		
记录人		联系电话		QQ	

2. 人才培养方案制订

（1）人才培养方案的编制

方案编制由试点工作领导小组在试点高职院校、对应专业本科院校、教育行政主管部门、试点中职学校及相关行业企业中抽调专家组成编写团队，按照"一体化办学、分级管理"的要求，统一制订《中高职衔接互通的"一体化"人才培养方案》。

（2）人才培养方案的审定

编写形成的人才培养方案，须交由四川职业技术学院试点工作领导小组组织由试点高职院校、对应专业本科院校、教育行政主管部门、试点中职学校及相关行业企业专家组成的专家组评审，经审定批准后印行。

（3）人才培养方案的应用

通过专家组审定的人才培养方案适用于所有相同专业的"试点班"，任何试点学校都应遵照执行，未经学院试点工作领导小组同意，不得私自调整或变更。

（4）人才培养方案的修订

如无重大和特别原因，人才培养方案原则上三年修订一次，由四川职业技术学院试点工作领导小组组织编写团队及专家组按规定程序进行。

3．教材编写

试点教材包括理论课教材、实训课教材、实验实训手册、学习手册等几种类型。

（1）教材的编写

教材编写工作由试点工作领导小组在试点高职院校、对应专业本科院校、教育行政主管部门、试点中职学校及相关行业企业中抽调专家组成编写团队，按照"一体化办学、分级管理"的要求，分段（中职、高职段）统一编写各专业教材。

（2）教材的审定

编写形成的专业教材，须交由四川职业技术学院试点工作领导小组组织由试点高职院校、对应专业本科院校、教育行政主管部门、试点中职学校及相关行业企业专家、行家能手组成的专家组评审组，经审定通过后，将书稿全部交由四川职业技术学院试点办公室统一安排。

（3）教材的出版

教材的出版由四川职业技术学院省级教改试点项目试点工作领导小组统一组织，统一安排。出版费用按照"四川职业技术学院拨付一点，教育行政主管部门支持一点，合作企业援助一点，试点学校承担一点"，采用"四个一点"的办法合理分担、协商解决。

（4）教材的使用

经过四川职业技术学院省级教改试点项目试点工作领导小组同意出版的专业教材适用于所有相同专业的"试点班"，为了便于统一教学、统一考试、统一管理，任何试点学校都应全数使用，并把教材使用情况纳入教学管理考核范畴。

（5）教材的修订

如无重大和特别原因，原则上三年修订一次，由四川职业技术学院试点工作领导小组组织编写团队及专家组执行。

4. 统一教学

为了确保"试点班"的教育教学质量，所有"试点班"都采用"统一人才培养方案、统一教材、统一模式、统一标准、统一考试考查"等"五统一"模式开展各种试点活动，积极广泛的开展联合教研、技能竞赛、经验交流等活动，提升"试点班"的整体质量效应。

5. 技能竞赛

技能竞赛是检验职业教育教学水平，展示教学成果的有效途径之一。试点学校都要重视并积极组织参加由所在市州教育局组织的中职学生技能大赛（其他市、州的试点学校也可参加遂宁市教育局组织的技能大赛），大赛的成绩将作为转段学习、升学录取的重要依据，相关的大赛规则要求以市州教育局下发的文件为准。各试点学校要建立健全技能大赛工作机制，制订相应管理制度，形成专项工作方案，利用平时的教育教学活动，有效开展学生技能训练活动，逐步推进技能大赛的规范化和常态化。

6. 统一考试

（1）组织管理

"试点班"统一考试工作由四川职业技术学院省级教改试点项目试点工作领导小组统一管理，试点办、院内各试点专业、各试点学校具体安排落实。

（2）方案编制

统一考试方案由学院试点办牵头，院内各试点专业组织专门人员统一编制，综合考虑试点学校的软硬件条件、地域、学生规模等基本因素，充分调动教育行政主管部门、四川职业技术学院、试点学校的主观能动性和积极性，合理安排好考试的时间、场地、人员、试卷拟制、保密工作、经费预算等相关事项，形成一个既方便学生、又有利于各试点学校、突出效果的统一考试方案。考试方案需报经四川职业技术学院省级教改试点项目试点工作领导小组审批同意后，并于统一考试前两周下达到各试点学校及相关部门。

（3）经费保障

统一考试实行统一出题、统一制卷、统一场地，出题费、制卷阅卷费及部分耗材费用、巡视员及四川职业技术学院所有参与人员差旅、监考费用，均由四川职业技术学院省级教改试点项目试点组统一负责，技能鉴定测试鉴定费用按国家相关规定办理。其他承担了统一考试任务的试点学校所产生的考试考务费用由各试点学校承担。

（4）资料上报

统一考试（含技能鉴定测试）结束后，院内各试点专业务必及时收集整理好所有考试资料，并于考试结束两周内将资料报送学院试点办。内容包括：

① 学生考试（含技能鉴定测试）成绩册；

② 学生考试试卷（技能鉴定测试应报送考试现场图片或音像资料）；

③ 统一考试分专业总结报告。

三、"试点班"学生管理

1. 思想工作

切实加强"试点班"学生的思想政治教育工作。针对"试点班"的具体情况，及时开展宣传引导、主题班会、交流谈心、素质拓展、解决问题等有利于学生身心健康的教育引导活动，抓住重点，做好记录，及时形成典型案例材料并上报。

2. 出勤考核

"试点班"学生的出勤考核，是了解学生学习状况，判定平时成绩的基本依据之一。在开展试点活动中要把出勤考核作为班级管理的重要环节，客观、公正、如实做好学生出勤考核记录并存档，以便评估检查。同时要按要求填报学生流失（异动）情况表，如表6.4、6.5所示，随时掌握学生动态。

表6.4　"试点班"＿＿＿＿＿＿年＿＿＿＿＿＿月基本情况调查表

办班单位：　　　　　　（公章）　　　　　　报送时间：　　年　月　日

开办专业	上月学生人数	本月学生人数	流失人数	流失主要原因	意见建议

表 6.5 "试点班"_____年_____月流失学生情况统计表

办班单位：　　　　　　（公章）　　　　　　报送时间：　　年　　月　　日

序号	流失学生姓名	学号	家庭住址	QQ号码	手机号码	流失主要原因

3．操行评分

"试点班"学生的操行评分仍然按照常规管理模式进行，但必须把"试点班"学生的操行评分作为升学考试"知识+技能+素质"模式中"素质"评分的重要依据。要求各试点学校一是要做到公平、公正、真实、有效；二是要保存好原始记录，以便查验。

4．过程记录

充分利用现代化信息手段方式，建立健全学生成长档案，对学生的学习生活过程进行全记录，同时开展纵横双向比照分析活动，让学生看到进步，找到不足，激发学生学习、奋进热情。

5．学籍管理

"试点班"学生学籍管理统一纳入四川职业技术学院终身教育服务平台，集中统一管理。要求各试点学校所报学生信息完整、全面、准确、及时。

第二节　教学质量监控与评价

为了有效监控与评价教学质量，不断提高教学水平，形成动态监控及定期评价并举教学质量保障体系，全方位跟踪教学活动，使教学活动更加规范化、科学化，切实提高教学质量，根据《现代职业教育体系建设规划（2014—2020年）》《关于加快发展现代职业教育的决定》等文件精神，结合我院实际，特制订本办法。

一、教学质量监控

1. 体系基本架构

以工学结合为切入点，学院建立"外圆内方"教育质量监控体系。主要内容包括建立各主要教学环节的质量标准；健全教学质量评价、考核、激励等制度；建设一支素质过硬、管理严格的队伍，运用过程监控、质量评价、信息反馈等平台和手段，全面保障教学质量。形成持续改进的人才培养质量保障体系。

2. 监控与评价的主要内容

教师课堂教学质量；教师实践教学质量；人才培养方案（专业教学计划）的质量；教师工作规范的执行情况；教学管理工作规程的执行情况；教学管理制度的执行情况；教学计划、教学大纲、授课计划的编制与实施情况；毕业生质量；其他有关教学质量监控与评价制度的执行情况。

3. 监控与评价主要依据

建立健全教学质量监控与评价制度，是保证学院教学质量稳步提高的有力保障，学院教学质量监控与评价主要依据《四川职业技术学院教学委员会章程》《四川职业技术学院教学督导工作条例》《四川职业技术学院教学工作检查实施办法》《四川职业技术学院听课制度》《四川职业技术学院教师学期教学质量评价办法》《四川职业技术学院学生教学信息员制度》《四川职业技术学院教学事故认定与处理办法》《四川职业技术学院毕业论文（设计）工作规范》及其他有关教学质量管理等规章制度开展。

4. 职责分工

（1）学院教学工作委员会

主要监控专业教学计划、重大教学改革方案和人才培养方案的制定，指导教务处及各系部抓好教学基本建设。

（2）督导室

主要监控和评价教务处及各系部的教学和教学管理工作的实施情况，负责向教学工作委员会、各系部反馈各种教学质量信息。

（3）教务处

主要监控教学规章制度的执行情况和教学计划的实施情况，负责向教学工作委员会、各系部、教研室、教师、学生教学信息员反馈教学质量状态。

（4）各系部

主要负责监控本系部各门课程的教学大纲、分学期教学实施计划的编制与实施。

（5）专业指导委员会

主要负责监控该专业的人才培养目标、人才培养规格、课程设置、人才培养模式及校企合作办学等。

（6）教研室

主要负责监控本教研室教师的理论教学和实践教学分学期授课计划的编制与实施。

（7）学生教学信息员

主要反馈教学管理质量和教师教学质量的信息，为学院领导及有关教学部门改进教学管理方法、提高教学质量提供信息依据。

（8）招生就业处

主要负责调查、搜集毕业生用人单位反馈的各种信息，向教学管理部门和各系部提供有关社会人才需求、培养规格、职业能力要求等信息，为学院领导的决策提供信息依据。

（9）第三方监控

由专业机构、用人单位、学生家长、校外专家组成第三方质量监控队伍，全面调查、反馈教育教学、毕业就业质量状况。

二、监控与评价方式

1. 教学质量检查制度

建立教学质量检查制度，定期公布教学检查结果。该项检查主要采用以下方式：

（1）教学日常检查

由试点学校领导小组及试点班管理人员（班主任、辅导员）两级教学管理人员组成教学日常检查工作值周小组，每天对全校的教学工作进行常规检查并记录，每周进行小结，填写有关表格存档。四川职业技术学院对试点学校进行随机抽查。

（2）定期检查

即开展期初、期中和期末教学检查。

（3）专项检查

即开展实践教学专项检查、授课计划检查和试题命题与改卷的检查等。

（4）随机抽查

由教务处、教学督导委员会等部门组织对教师授课的教案、学生的作业、实验实训报告、实习报告（总结）和毕业论文（设计）等抽样检查。

2．教学测评

每学期由"试点班"管理工作领导小组组织全体试点单位师生根据《教师学期教学质量评价办法》开展"试点班"教师教学质量与职业道德测评及教师评学工作，开展学生满意度调查，定性定量评价教师的教学质量和各班级的学风、班风。由教师评班、学生评教、教师自评、同行评教和系部评教等构成。其计算公式为：教师综合评教分数=教师自评×0.3+学生评教×0.3+学校评教×0.2+同行评教×0.2。

3．会议会诊

教学工作委员会和专业指导委员会依据其工作职责定期召开会议，对专业教学计划等进行会诊，严把人才培养方案质量关。

4．管理纠偏

"试点班"管理工作领导小组、四川职业技术学院试点办、各试点班教学系部（学校）根据教学检查、教学质量测评的结果以及反馈信息，对"试点班"每位教师在执行有关教学规章制度中出现的问题及时进行纠偏，限期整改。

5．质量跟踪

由就业指导办公室到用人单位对毕业生进行跟踪调查，根据毕业生就业及市场调查的结果，向"试点班"管理工作领导小组、四川职业技术学院试点办及教学管理部门或教学工作委员会提供社会人才需求、培养规格、能力体系要求等教学要求信息，以进一步完善人才培养方案。

6．教学评估

健全教学评估制度，规范和强化教学质量管理。

（1）对试点单位进行教学评估

定期对系部的教学理念、办学定位、师资队伍建设、专业建设、课程建设、教材建设、教学实践基地建设、考试组织与质量测评、教学文件、教学纪律等进行评估，及时发现各试点单位在教学组织与教学管理方面的问题，并通过随时沟通，促进各试点单位积极改进，充分发挥各试点单位部的主观能动性。

（2）对教研组（室）进行评估

切实加强教研组（室）建设，定期对各个试点单位教研组的教研活动进行检查，促进各试点单位师资队伍梯度建设，真正发挥教研室"教"与"研"的作用。

（3）对教师教学水平与质量进行评估

通过教师自我评估与学生评教、专家评估结合等方式，对教师的教学进行诊断，帮助教师总结经验，查找问题，引导教师改进教学方法，提高教学质量。

（4）对实验实训室进行评估

从实验实训队伍、实验实训基本建设、实验实训教学管理等方面建立规范的运行与评估体系，使实验实训教学进一步规范化、制度化。使之真正成为培养学生动手能力的"孵化器"。

（5）对学生学习状态和效果进行评估

通过学生自评、教师评学、专家组评估等评价学生的学习态度、学习纪律、学习状态、学习方法、学习效果等，以便于教师因材施教，为进一步加强学风建设、培养合格人才起到积极作用。

三、信息报送

各试点学校要确定专人负责信息报送工作，及时加入中高职试点班管理群，关注群内发布的相关信息，按时按要求下载或报送相关信息资料。所有信息均以电子文档形式为主报送到四川职业技术学院"试点办"，如需加盖学校公章者，还应报送纸质材料，市内学校还要同时报送市州教育局职成教科。

信息报送类别分为：一次性报送、按月报送、期末报送、年终报送、毕业报送、临时报送等几种。

1. 一次性报送信息

一次性报送信息是指涉及办学单位比较恒定的只需要一次性报送的信息，需在开班后一个月之内报送。内容包括：

（1）各种管理制度、管理方案、机构设置表册等。

（2）"试点班"基本情况登记表，如表6.6所示。

表6.6　四川职业技术学院省级教改试点项目"试点班"基本信息登记表

试点学校		试点专业		班数	
一、中高职衔接"试点班"基本情况					
人数			其中：男生　人；女生　人		
班主任	姓名		职务、职称		
	手机		QQ号码		
开班时间		年	月	日	
二、"试点班"课程开设情况（含公共基础课、专业课）					
课程名称	周课时	教材版本	任课教师	教学进度（学期末）	
三、你认为"试点班"存在的主要问题是什么？					
四、你对"试点班"有何建议？					
学校负责人			专业负责人		

（3）学生名册（需包含学生姓名、性别、民族、出生年月、家庭住址、家长姓名、家长电话、本人手机、QQ号码、专业班级等基本信息）分专业、分年级报送。

2．按月报送信息

按月报送信息是指根据常规管理的需要，于每月5日前上报上月试点活动开展情况信息。内容包括试点工作活动（会议）信息、"试点班"生源稳定情况信息、信息变更情况登记表等。相关表格详见"试点班"教学管理过程管理。

3．期末报送信息

期末报送信息是指在一学期结束时，必须要上报的材料，要求在学期结束三周内上报，内容包括"试点班"学期总结材料、特色创新案例、媒体报道资料、论文或教改成果资料、学生成绩册（合理论、技能两项成绩）、学生操行评分成绩、《自查自评》、下期工作计划等，《自查自评》详见"试点班"试点活动开展情况评价标准。

4．年终报送信息

年终报送信息是指一年试点工作结束后，必须报送的信息，需在年度工作结束两周后报送，内容包括"试点班"年终总结材料、年度考核表彰材料、纵横向比较分析总结材料、下一年度工作计划等。

5．临时报送信息

临时报送信息是指因试点工作需要，需要临时报送的信息，内容包括有关部门临时交办的工作，按照交办部门的要求和时间，按时按质报送信息资料；工作中的特色亮点材料或有代表性具有简报媒体等宣传价值的信息，应及时上报。

第三节　衔接体制机制建设

一、专业一体化建设机制

1．成立中高职发展建设专业指导委员会

在遂宁市教育局的直接领导下，由四川职业技术学院牵头，遂宁市中职学校电子技术专业教研会、遂宁市应用电子教育理事会、遂宁市先进制造业职教集团协助，中职学校、行业、企业共同参与，组建遂宁市应用电子技术专业发展建设指导委员会。

委员会主要职责是：组织专业建设、改革发展的战略研究，提出人才培养目标、人才培养模式、专业设置调整的建议、意见和发展规划；结合专业培养目标和行业、企业执行的职业技能培养标准，制订中高职人才培养方案，

制定应用电子技术专业的指导性教学计划；探索职业教育评价模式，制定中高职人才培养质量评价标准；指导、协助校内外实验实训基地建设。

2．建立遂宁市应用电子技术专业职业教育信息平台

建设遂宁市电子类专业教育教学信息服务平台。以先进制造业职业教育集团为依托，网络化信息服务平台为载体，形成资源共建、共享机制，汇聚和共享职业教育信息资源，提升区域类职业教育整体水平。

教育教学信息服务平台基本职能是：建立适合教师、学生、企业人员的教学资源库，推行在区域内专业学习标准化进程；整合区域内企业、学校优质师资资源，促成校企双方"双向"授课，协调产学结合、校企合作；接洽学校、企业，联系适合专业的实训、实习基地或共建实验、实训基地；发布区域内电子类专业专家、学者信息，形成联系性强的专家团队，开展专题协同研究，为区域内专业发展提供即时智力支持；提供就业信息及就业指导；建立毕业生、员工专业发展跟踪系统；通过职业教育集团，实现其他信息整合、共用。

3．建立应用电子技术专业发展联席会议制度

联合教育主管部门、地方劳动部门、企业和中高职院校形成联席会议制度，加强区域经济内应用电子技术专业建设的研讨与协调，充分发挥各单位作用，协调、探索应用电子技术发展的重大问题，形成多方合作，校企联动，促进遂宁市电子产业及电子类专业快速、健康发展。

联席会议主要任务是：密切关注国家职业教育改革发展重大问题，向有关部门提供关于电子类职业教育改革发展的动向分析；分析遂宁市电子产业和应用电子技术教育发展情况及存在的问题；研究遂宁市电子产业发展战略、规划、政策及职业教育应对措施；加强成员之间信息交流，增进区域内电子产业相关单位交流、交往与合作；以实施国家级、省级重大职业教育工程项目为依托，努力将成员单位建成具有示范、辐射和带头作用的范例；总结办学经验，探索职业教育在适应产业调整升级和体现终身教育理念的现代职业教育体系建设中的地位和作用；研讨遂宁市应用电子技术教育中高职衔接发展思路和系列问题；推进应用电子技术教育一体化建设、进行技术和标准推广、人才培养等工作。

二、专业共建机制

1．教学信息资源库建设

按"工学结合"原则，开展院院合作、校校联合，充分调研电子产品生产、设计与制造、电子元器件生产等各类型企业，获取行业技术、人才需求等重要信息，分析职业岗位能力和人才培养规格；以培养电子产品装配、调试、维护等岗位能力为目标，以真实的电子产品生产工艺流程为载体，以新技术为重点，以职业能力为主线，按"科学化""系统化""标准化"的原则设计遂宁市应用电子技术专业中高职教学信息资源库，重点"行业及企业信息子库、专业建设标准子库、培训资源子库、课程资源子库和素材库"6个子库的建设。

2．实训基地联动机制建设

实训基地建设是职业院校培养合格的职业人、体现办学特色、提高人才培养质量的基本条件。中高职学校的专业设置应紧贴遂宁市电子产业的发展，始终将学科的持续发展融入区域经济的发展战略之中，将实训基地建设融入服务地方经济、贴合企业实际中，必须加大与校企之间、校际之间合作的力度，整合资源、整体联动，实现实训项目紧贴产业发展，实训流程紧贴生产实际，区域内实训基地模块化统筹建设。

3．师资共建机制建设

构建现代职业教育体系要注重为教师发展提供空间。现目前遂宁应用电子技术专业师资队伍的层次和结构离中高等职业教育的要求还有一定距离，主要原因为教师大多从学校到学校，理论水平较高，而实践经验不足，特别是实训教师严重缺乏。因此，中高职衔接迫切需要各高职院校加快师资队伍建设，其改进措施主要如下。

（1）依托遂宁先进制造业职业教育集团进行教学研讨、学术交流等。

（2）在市教育局的统一安排和组织下，实施职教师资的职业技能和教学能力培训。

（3）建立遂宁市职业教师（含企业教师）信息库。

三、专业质量检测体系

随着《国家中长期教育改革和发展规划纲要（2010—2020年）》的深入实践，建设"适应经济发展方式转变和产业结构调整要求、体现终身教育理念、中等和高等职业教育协调发展的现代职业教育体系"的进程加快，《教育部关于推进中等和高等职业教育协调发展的指导意见》，也要求全面探索中高职衔接，促进职业教育的科学发展、可持续发展。应用电子技术专业作为四川省项目的试点专业，正在大力开展中高职衔接的试点工作。为了保证试点质量,积累基本经验,创构衔接模式,完善衔接机制,推动全省乃至全国中高职衔接的全面展开,推进职业教育向深度和广度发展,特制订本标准。

1. 指导思想

建设科学、严格的质量检测体系,保障衔接工作卓有成效地开展。构建规范、可行的质量检测机制,确保衔接工作的高标准、高质量。建立由社会各界组成检测队伍,保证质量检测的可信度、透明度及公正性。富于创造性地开展质量检测工作,探索新形势下具有推广价值和指导意义的中高职一体化建设路子。

2. 检测体系

一级指标	二级指标	三级指标	主要检测点
机制建设	院校合作机制	园院合作机制	合作协议
			产学研合作项目
			"合作办学、合作育人、合作就业、合作发展"机制
	"合作办学、合作育人、合作就业、合作发展"机制	联合调研机制	遂宁及成渝经济区电子企业发展趋势调研
			遂宁及成渝经济区电子企业岗位需求及岗位能力调研
			遂宁市应用电子技术专业建设现状调研
		联合教研机制	专业建设联合教研制度
			教研计划
			教研记录
		专业教学指导委员会	遂宁市应用电子技术专业指导委员会
			会议纪要
		专业发展联席会议制度	遂宁市应用电子技术专业发展联席会议制度
			会议纪要
专业建设	专业设置	专业建设的规范性	专业建设方案
			专业素养、素质课程体系
			职业技能课程体系
		专业建设的适应性	岗位素质要求
			岗位能力标准
		专业建设运行模式	"2.5+0.5+2.5+0.5"模式

续表

一级指标	二级指标	三级指标	主要检测点
专业建设	人才培养	岗位指向	电子产品设计
			电子产品生产（装、调、修）
			电子产品销售与服务
		能力指向	专业基本能力
			专业核心能力
			专业综合能力
		人才培养方案	培养目标
			中高职分段培养方案
	课程建设	课程体系	课程建设方案
			课程建设标准
			课程建设资源
			课程检测标准
			课程特色
	专业特色	示范点	机制特色
			课程体系
		特色点	区域中高职教育协调发展
人才质量	培养过程	教学组织管理	管理制度
			管理队伍
			管理过程
		教育过程管理	试点班学生管理队伍
			试点班学生管理环节
			试点班学生管理内容
		教学过程管理	教学进程管理
			教学任务管理
	培养标准	知识标准	素养结构体系
			素质结构体系
		技能标准	基本技能结构体系
			专业技能结构体系

续表

一级指标	二级指标	三级指标	主要检测点
人才质量	道德规范	道德素质	思政修养
			行为规范
			职业道德
			法纪意识
			礼节礼仪
	发展基础	身心素质	心理素质
			生理素质
			专业素质
		文化基础	汉语言基础
			数学基础
			计算机应用基础
			外语基础
			理化基础
		专业拓展能力	创新思维
			信息化能力
			拓展学习能力
	学习质量监控	学习状态	学习态度与习惯
			学习能力与水平
		学习状态	能力点学习标准
			能力点自测方案
教学条件	师资队伍	队伍建设	专任教师达标情况（学历、职称、双师比例等）
			师资培训规划
			企业锻炼制度
			兼职教师信息库
		队伍能力	教育教学能力
			技术服务能力
			学术科研能力

续表

一级指标	二级指标	三级指标	主要检测点
教学条件	实训条件	校内实践基地	仿真性
			综合性
			开发性
			服务性
		校外实训基地	岗位针对性
			教育功能性
			就业合作性
	教材建设	一体化教材建设	教材建设规划与出版计划
			实验、实训指导统编教材
		精品教学资源建设	课程教学资源库
			技能培训资源库
			区域企业信息库
企业参与度	合作育人	能力标准制定	行业职业标准
			职业资格标准
			典型岗位技能标准
			学生能力企业测评体系
		技能培训	专项技能实训
			新技术培训
			职业资格认证
			岗职培训
	合作就业	就业环境建设	合作就业基地建设
			顶岗实习
			订单培养
			入职技巧培训
社会评价	学生能力	工作能力	专业知识社会评价体系
			专门技能社会评价体系
			学习能力企业评价制度
			工作适应能力

续表

一级指标	二级指标	三级指标	主要检测点
社会评价	学生能力	合作能力	团队意识
			协作能力
			沟通能力
		敬业精神	乐业敬业，踏实勤奋
			虚心好学，积极上进
	社会效应	就业质量	就业率、专业对口率
			就业稳定率
		社会声誉	家长满意度
			企业满意度
			同行评价

3．检测制度

（1）联络员制度

川职院、参与试点中职学校每个专业各安排一名联络员，按要求收集检测体系中需要的信息，整理后交检测机构。

（2）定期检测制度

根据工作进展情况，由检测机构安排定期检测任务和检测时段。

（3）信息反馈制度

将检测结果及时通报中、高职学校。

（4）协商制度

由教育主管部门、中高职学校、企业等召开联席会议，研究出现的问题，突破难点，创新体制机制。

四、素质训育体系

在开展学生通识素质培养能力过程中，在训育方案设计、课程设置、活动安排等环节，强调实践实训，并要求其"训"的比例必须要在40%以上，在"训"的过程中渗透"育"，在"育"的过程中强化"训"，"训育结合，理实一体"，把"育"的各种观念理念用"训"的方式加以强化和固化，真正做到了把学生素质训育活动落到实处，突出培养的质量效果；在开展专业素质培养过程中，强调学生专项素质能力，从课程标准、一体化教材编写、教学方法、评价考核等教学过程中将专业素质融入课程中，中高职衔接素质能力要求如表 6.7 所示。

表 6.7 中高职衔接素质能力要求

高职能力体系			内容要求	关键能力
素质体系	信仰追求	"毛、邓"理论和"三个代表"思想	社会主义理论政治意识	政治立场 信念、信仰 爱国主义 历史责任感
		马克思主义基本原理	意识形态	
		中国近现代史	大局意识 责任意识 历史与现实	
		中共党史		
		形势与政策		
		中国国情		
	职业道德	军事知识与训练	国防教育、军事知识、军训	人生追求 奋斗精神 敬业奉献 事业心
		道德与法律	法制意识与知识	
		就业与创业	就业观、择业观、创业观	
		职业操守	艰苦奋斗教育	
		道德与伦理	团队合作、团结友爱教育	
			社会道德	
	身心素质	体育训练	科学锻炼方法	健康体魄 健康心理 整洁卫生 情感交流
			身体素质训练	
		健康知识	营养常识	
			卫生习惯	
		心理学知识	健康心理	
			心理咨询	
中职能力体系			内容要求	关键能力
素质体系	思想品德	法律常识	劳动法、合同法、民法、交通法等普及	遵纪守法 积极进取 责任心 事业心
		哲学知识	哲学基本知识	
		理想、信念	人生观、价值观	
		职业道德	职业习惯、职业要求	
		职业生涯规划	学习规划、专业理想	

续表

中职能力体系		内容要求		关键能力
素质体系	身心健康	体育锻炼	体育锻炼常识、身体训练、	乐观向上 健康体魄
			体育专项知识及训练	
		心理健康训练	心理健康知识	
			心态调整	
	行为规范	道德规范	公民道德规范、社会公德	文明有礼 诚信敬业 健康生活
		礼仪、礼节常识	公共场所礼节、人际交往礼节、传统节日礼节	
			社交场所礼仪、地方特色礼仪	
		职业意识	爱岗敬业、吃苦耐劳、乐于奉献	
		卫生教育	疾病预防常识	

1. 人才结构体系

"全面推进素质教育"是党中央国务院确立的我国教育改革发展的"战略主题",四川职业技术学院作为具有百年历史的综合性高职院校在学生综合素质教育方面进行过多年长期坚持不懈的探索和实践,取得了比较显著的成效。构建了"素养"、"技能"、"素质""三位一体"的高职学生人才结构体系,如图6.1所示。在实践研究的基础上,提出了"素质培育人、技能锻造人、素质成就人"学生综合素质训育理念,全面指导引领学生综合素质训育活动。

图 6.1 中高职衔接学生人才结构体系示意图

2. 学生综合素质训育体系

构建以"思德、文化、艺术、心理、科学"五大内容体系为支柱和以"学校考核为本位"、"家长评价为辅位"、"第三方评价为主位""三位一体"学生素质监测平台为保障的"五柱一平台"学生综合素质训育体系,如图6.2所示。

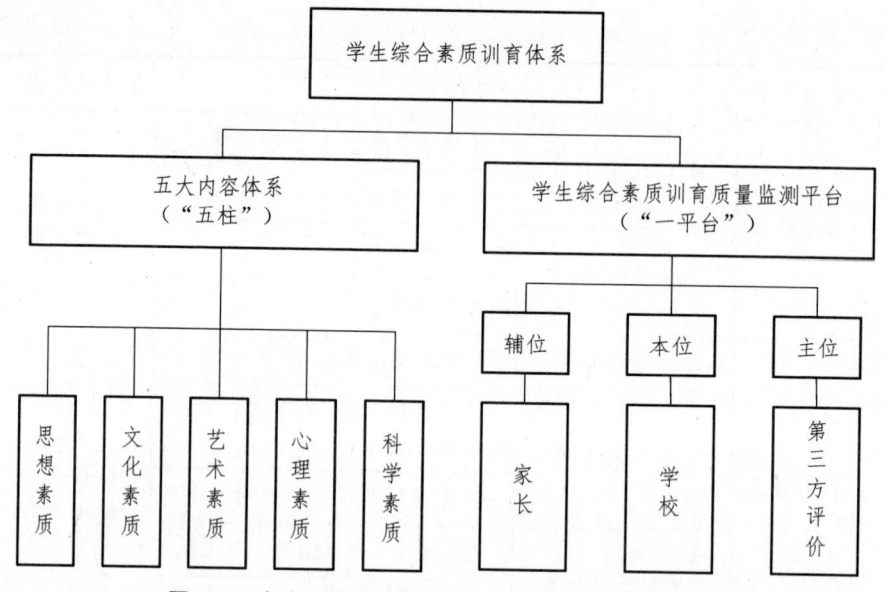

图 6.2 中高职衔接综合素质训育体系框架结构图

采用课堂讲授、社会实践、企业交流、团日活动、公益劳动、拓展教育、专题讲座等形式，全方位、立体化开展职业与道德、知识与人生、文化与文明、就业与创业、心理与心态等人文科技素质训育。主要素质训育内容如表6.8所示。

表 6.8　主要素质训育内容及方式

训育课程	专题讲座	训育载体
职业道德训育课程	演讲与口才	社团活动
文化素质训育课程	科技文写作	特色文化活动
心理素质训育课程	书法与鉴赏	企业文化训育活动
艺术素质训育课程	创业与规划	职业技能竞赛
综合素质课程	新技术讲座	科技下乡活动

3．第二课堂活动

企业文化训育：2011年，四川职业技术学院和四川柏狮光电技术有限公司开始探索校企间一贯式共育人才，不仅在教育教学的过程中相互介入，而且对学生的全方位培养迈出了实践性的步伐。双方本着"发现并组织培养优秀的青年学生，提供青年学生渐进式融入社会通道，塑造团队精神、多元价值观、社会责任、人文情怀"的原则,学生通过活动提升职业素养;企业辅导员为学生提供职业、职场资讯;企业为高级社员提供奖学金和高阶职位。

科技下乡:通过系部成立的应用电子技术协会组织学生参加"科技下乡"活动,以维修电器和宣传安全用电常识服务周边地区。每年开展两次下乡服务活动,强化学生社会责任,提升服务意识,倡导了"创新、贡献、分享"的价值精神。

应用电子技术协会:应用电子技术协会是辅助我专业教育教学改革,提升学生兴趣和提高学生职业技能的组织。协会成立10年来,主要承担了对学生不同层次的培训;邀请专家、学者举办了多次科普、科技讲座、知识竞赛;组织参与了多次全国大学生电子设计大赛,并获得不俗的成绩;每年组织了校内外的家电维修服务,现已成为四川省遂宁市船山区团委及学院的品牌服务。

第七章
中高职衔接招考制度改革探索

根据我国《国家中长期教育改革和发展规划纲要（2010—2020年）》的相关要求，高职院校应该以考试招生制度改革为突破口，逐步形成分类考试、综合评价、多元录取的考试招生制度。高职高专院校在进行招生考试改革的过程中，还应该充分结合本院的具体情况，高度重视招生与培养的联系，毕竟招生是始，人才培养是终。

四川省教育事业发展"十三五"规划"深化普通高等学校考试招生制度改革。实施我省高中学业水平考试制度和高中学生综合素质评价办法。加快推进高等职业院校分类考试，推行"文化素质+职业技能"评价方式。到2017年分类考试招生计划达到高等职业院校招生计划总数的60%左右。制定出台我省高考综合改革实施方案，改革统一高考考试科目设置，建立基于统一高考和普通高中学业水平考试成绩、参考综合素质评价的多元录取机制。改进招生录取方式，增加高校和学生的双向选择机会。创造条件逐步取消录取批次，全面推进和完善平行志愿投档模式，逐步形成"分类考试、综合评价、多元录取"的考试招生模式。

第一节 考试制度改革探索

一、"考改测"制度

由政府教育主管单位、企业主管部门、行业代表和高职学院共同审查企业优秀员工选拔制度，监督和规范企业选拔程序。政府教育主管单位、企业主管部门指导，高职学院组织实施对企业推荐的优秀员工进行文化基础测试、专项技能测试和职业素养测评，判定其文化水平、技术能力、学习能力、综合素质等。

主要测试学习能力、道德修养、身心素质、职业趋向等，建立学生成长档案，彻底改变一考定终生。结合职业教育实践性、职业性和社会性的特点，突出以"能力测试"为中心的现代考试观念,中高职衔接考试制度改革,重点应放在"基础能力""基本技能""可持续能力"和"综合素质"等的考评等方面。

专业测试方案是检验中高职衔接质量的重要方式和途径。通过专业测试,能很好地检测学校的教学情况和学生的学习情况,不断改进教学方法、不断完善教学资源、不断提高中高职课程衔接的质量;通过测试,也是检验学生是否达到进入高职学习的能力要求和素质要求。因此专业测试应对学生进行全方位、多形式、多内容的综合测评,既要测试专业知识与技能,也要测试文化基础与职业修养,更要评价学生的发展潜质与持续学习能力。

1. 监控教学与学习过程

教学是双边活动,教师的教学状态和学生的学习状态都应处于最佳,才能从根本上解决教学质量提高的问题,任何一方的不努力,都很难保证高水平的教学质量。学校比较重视对教师的教学过程的监控与督查,而对学生的学习状态监控措施虽然很多,但基于各种原因往往得不到深入落实,许多措施都流于形式,造成"教学效果好,学习结果差"的尴尬局面。因此在加强教师教学检查的同时,必须开展学生学习过程、学习习惯、学习结果等的监控,督促学生及时完成各阶段的学习任务,只有"教"和"学"两方面同时高标准达到目标要求,才能实现培养合格人才的总目标。通过对教学过程与学习过程的监控,督促落实教学任务,深入检验教学效果,为专业能力测试打下坚实的基础。学生学习过程自控表如表7.1所示。

表7.1 学生学习过程自控表

班级: 姓名: xx学期 第x周

授课内容记录	课程一		课程二		课程三		课程四		课程五	
	重点	难点	重点	难点	重点	难点	重点	难点	重点	难点
授课质量		是否预习		是否复习		参考资料	听课状态		听课质量	作业
好 一般 不好		是 否		是 否		有 无	好 一般 不好		听懂 部分听懂 没听懂	能完成 不能
问题原因分析										
教师建议										

2. 成长过程记录

中高职衔接，中职学校不仅要培养高素质技能型人才，还承担着为高职学院培养合格学生的任务，传统的笔试和面试都不能全面、系统地评价学生的是否具备进入高职学习所需要的文化基础、职业素养、持续学习能力等。在中高职衔接中需要做好学生成长过程记录，客观、公正、严谨地记录学生道德品德、行为规范、身心素质、学习能力、专业能力、特长爱好等，对其潜质做出合理评价与建议，将中职学生的成长过程记录作为高职学院选拔新生的重要依据。学生成长过程记录表如表7.2所示。

表7.2 ＿＿＿＿＿学年 ＿＿＿＿＿学期学生成长过程记录表

姓名		性别		学号		出生年月			
学校						专业			
评价项目		评价内容			评价等级				
					优秀	中等	合格	待提高	
道德品德		1. 遵纪守法							
		2. 爱党爱国							
		3. 团结友爱							
		4. 积极进取							
行为规范		1. 文明礼貌							
		2. 诚信友善							
		3. 卫生、整洁							
身心素质		1. 身体健康							
		2. 心理健康							
学习能力		1. 专心认真							
		2. 自觉学习							
		3. 勤学好问							
		4. 善于思考							
专业能力		1. 专业基础							
		2. 专业技能							
特长爱好									
获奖情况									
潜质评价									
综合评语									
综合等级		优秀 中等 合格 待提高 （四选一）							

3. 中职学生考试制度改革

探索以"知识+技能+素养"测试为导向的高职教育招生考试改革。考试测评以职业技能为导向，突出专业基础知识（含专业基本技能）和综合素质（主要包括文化素质、职业素养、道德修养等），获得国家、省技能大赛三等奖及以上的综合素质测试符合要求的前提下，可免试入学，获得市级技能大赛二等奖及以上可加一定的分数。考试方式由综合测试、专业测试和面试三部分组成。在条件允许时，还可试点中职学校校长实名推荐优秀毕业生直升高职。

二、联考制度

为了全面贯彻四川职业技术学院中高职衔接质量升学精神，提升中高职一体化教育教学水平，结合中高职衔接课程体系建设的需求，按照四川职业技术学院应用电子技术专业中高职衔接人才培养方案要求，依据考试制度改革所需的资料进行全面审查的基础上，实行抽查制度；对高职学习中需要的文化基础知识、专业知识、专项技能等实行抽考。

1. 组织机构

为加强对"试点班"的办学管理，特成立以四川职业技术学院为组长、申办学校所在市州教育局职成教科科长为副组长的"试点班"管理工作领导小组，成员主要有申办学校所在市州教育科学研究所职成教研究室主任1人、专职管理人员1人、四川职业技术学院相关"试点"专业所在系部负责人。

2. 联考课程及安排

联考课程分为理论考试和技能考试两部分，由"试点班"管理工作领导小组组织专家组进行统一命题、统一制卷、统一密封、统一考试、统一阅卷；理论抽考在试点单位内进行，由"试点班"管理工作领导小组派专人进行巡查、督导，技能抽考在四川职业技术学院内进行。抽考课程及安排如表7.3所示。

表 7.3 应用电子技术专业抽考课程及安排

学　　期	理论抽考	技能抽考
第一学期	电工基础与技能训练	电工基本技能
第二学期	电子技术基础与技能训练	电子元器件识别与检测
第三学期	电气控制与 PLC 技能训练	小家电维修（电热电动类）
第四学期	传感技术及应用	电子产品装配与调试
第五学期	单片机技术基础与实训	PCB 板制图
综合测试	专业理论测试	专业技能测试

3．考试范围及要求

（1）电工基础与技能训练

① 认识电路：电路的组成与作用，电路模型，电器设备额定值的意义；电压、电流、电阻、电功率、电能的概念及计算；电路在有载、开路、短路状态时的特征及欧姆定律；

② 简单直流电路：电动势、端电压、电位的概念；电阻串联、并联工作时的电路特征；等效电阻、串联分压、并联分流的计算，简单混联电路的分析和计算，电路中各点电位值的计算和任意两点间的电压计算；应用闭合电路的欧姆定律、电阻混联电路的特征及电位值的计算方法来分析、解决一般的电路问题；基尔霍夫电流及电压定律并能运用支路电流法分析计算电路；电压源、电流源、理想电压源、理想电流源的概念；

③ 磁场、磁路和变压器：磁场对电流的作用和左手定则；铁磁物质的磁化、磁路、磁动势、磁阻、相对磁导率的概念；电磁感应现象楞次定律及右手定则；自感、互感现象，同名端概念；变压器的基本构造、种类及用途；

④ 正弦交流电：正弦交流电的各种表示方法及相互间关系；最大值、有效值、相位、相位差的概念；单一参数交流电路的电压与电流关系；实际功率、有功功率、无功功率的概念及计算；三相四线制电源的线电压和相电压的关系；三相对称负载星形联结和三角形连接；对称三相电路电压、电流、功率的计算。

（2）电子技术基础与技能训练

① 晶体二极管：二极管单向导电性；二极管伏安特性、主要参数；二极管整流电路原理；常用滤波电路和硅稳压二极管稳压电路；

② 晶体三极管与场效应管：晶体三极管电流控制；三极管三种工作状态

的判断方法；放大器的定义及放大倍数的概念；共发射极放大电路直流通路和交流通路的画法与基本分析计算；

③ 多级放大器和负反馈放大器：反馈放大器的分类和判别负反馈对放大器性能的影响；射极输出器的主要特性；

④ 集成运算放大器：集成运算放大器基本组成及作用；"虚短""虚断""虚地"的概念；理想运算放大器主要指标；理想运算放大器作为比例运算基本分析计算；

⑤ 低频功率放大器：功率放大器的概念与分类；单管功率放大器电路识读；推挽功率放大器电路识读；集成功率放大器电路识读；

⑥ 直流稳压电源：两种稳压类型；线性稳压电源基本组成；带有放大环节的串联型晶体管稳压电路的组成和电路识读；三端固定式集成稳压器构成简单应用线路识读；

⑦ 数字电路基础知识：数字信号与模拟信号的特点与区别；与、或、非三种基本逻辑关系的基本概念；与、或、非三种基本逻辑逻辑表达式，真值表及逻辑符号图；逻辑代数的基本概念；逻辑代数法化简逻辑函数；基本逻辑门电路组成简单的组合门电路；

⑧ 集成触发器：触发器的工作特点；基本 RS 触发器组成和逻辑功能；基本 JK 触发器组成和逻辑功能；基本 D 触发器组成和逻辑功能；触发器构成简单电路；555 定时器及构成的单稳态触发器、多谐振荡器。

（3）电气控制与 PLC 技能训练

① 手动控制：低压电器的基本知识；闸刀开关、组合开关、空气开关、低压熔断器结构、型号、符号、选用方法；

② 自动控制：接触器、中间继电器、的工作原理、结构、型号、符号；异步电动机控制基本环节分析；笼型异步电动机全压起动控制；顺序控制、多地控制线路的分析；

③ PLC 基本控制电路编程：PLC 的定义、基本工作原理、类型、特点和组成；PLC 的 I/O 接线方法；PLC 的编程软元件；PLC 编程语言和基本逻辑指令。

（4）传感技术及应用

① 检测技术基础：误差的基本概念；检测系统的组成；传感器的分类；传感器的基本特性；

② 常用传感器：电阻式传感器基本特性、识别、典型电路识读；电容式传感器基本特性、识别、典型电路识读；电感传感器基本特性、识别、典型电路识读；霍尔元件基本特性、识别、典型电路识读；压电传感器基本特性、

识别、典型电路识读；光电传感器基本特性、识别、典型电路识读；温度传感器基本特性、识别、典型电路识读；气敏与湿度传感器基本特性、识别、典型电路识读；

③ 新型传感器：超声波传感器基本特性、识别、典型电路识读；激光传感器基本特性、识别、典型电路识读；生物传感器基本特性、识别；CCD图像传感器基本特性、识别。

（5）单片机技术基础与实训

① 认识单片机：单片机芯片认识；单片机的最小系统的认识；编译软件Keil的使用与程序下载；

② 彩灯控制：彩灯的点亮与熄灭；彩灯的闪烁；跑马灯；任意变化的彩灯控制；

③ 简易数字钟：LED数码管的静态显示；LED数码管的动态显示；简易数字钟；按键控制数码显示；

④ 中断键控彩灯：中断的概念；中断控制相关的特殊功能寄存器中与外部中断相关位的作用；中断服务程序的格式；外部中断的设置和对应的中断响应条件；

⑤ 简易频率计：定时器/计数器的工作原理；定时器/计数器中断相关寄存器的设置；四种工作方式工作原理；定时器/计数器的初始化设置。

（6）电工基本技能

安全用电；电工工具及使用与器材选型；管线安装；室内配电线路的安装；节能灯的安装与检修；日光灯的安装与检修；双控灯的安装与检修；小型配电箱的安装与检修；室外供电线路的安装与检修；异步电动机控制安装与调试。

（7）电子元器件识别与检测

基本仪器仪表使用；通过标示识读与检测电阻元件；通过标示识读与检测电容类元件；通过标示识读与检测电感类元件；通过标示识读与检测半导体器件；通过标示识读与检测常用集成电路器件；通过标示识读与检测电声元件；通过标示识读与检测电阻器；通过标示识读与检测开关类；通过标示识读与检测常用即插件及线材。

（8）小家电维修（电热电动类）

常见电热电动器具分类；常见电热电动器具基本结构；常见电热电动器具基本工作原理；电饭煲（洗衣机）故障判断；电饭煲（洗衣机）拆卸与装配；电饭煲（洗衣机）故障检测；电饭煲（洗衣机）故障维修；电饭煲（洗衣机）功能测试；测试维修报告书写规范。

（9）电子产品装配与调试

PCB 线路板检测；元器件识别与检测；焊接五步法（防静电焊台）；元器件成型与预处理；整机装配基本规范（混装）；整机调试基本规范；整机品质检测；基本仪器仪表使用。

（10）PCB 板制图

ProtelDXP2004 基本操作；元件原理图绘制；元件 PCB 封装测试（读标准 PDF 尺寸）与绘制；电路绘制基本规范；PCB 绘制一般规则；简单电路原理图绘制（给纸质原理图或 PCB 线路板）；简单 PCB 线路板设计与绘制。

第二节　招生制度改革探索

应用电子技术专业中高职衔接一体化试点班招生主要采取中高职对口自主招生（单招）与中高职五年一贯制（3+2）模式两种方式，由于中高职五年一贯制模式存在缺乏淘汰机制、不利于中高职业教育协调发展在近几年招生中主要采用单招的方式，2014~2017 年应用电子技术专业单招计划及实际录取情况如表 7.4 所示。

按照高等学校招生工作"阳光工程"的各项要求，四川职业技术学院结合自身办学特色和专业培养需要，遵循"公开程序、公平竞争、公正选拔、综合评价、择优录取"的原则，实行"招考分离"，规范考试、录取程序，自觉接受社会监督。

表 7.4　应用电子技术专业单招计划

	四川职业技术学院单独招生计划				应用电子技术专业招生计划			
					计划		实际录取	
	总计划	对口高职类	特长类	普通类	对口高职类	普通类	中高职衔接	其他中职校
2014 年	700	400	20	280	40	20	/	40
2015 年	1400	680	140	580	100	30	80	20
2016 年	1200	660	120	420	130	/	105	25
2017 年	1800	810	180	810	115	/	95	20

一、单独招生考试方案

单独招生方案按四川省考试院统一要求执行,从近几年我院应用电子技术专业单独招生方案有微小的变化,执行时以四川职业技术学院招生就业处公示的方案为准。

1. 考试性质

本单招考试是中等职业学校(含普通中专、职业高中、技工学校和成人中专)应用电子技术类专业毕业生报考四川职业技术学院应用电子技术专业选拔性全省统一考试。

2. 考试依据

(1)四川职业技术学院应用电子技术专业中高职衔接人才培养方案。

(2)四川省普通高校职教师资和高职班对口招生统一考试大纲(信息技术二类)。

(3)教育部中等职业学校电子技术与基本技能训练、电工基础与基本技能训练、单片机技术等电子类专业基础课程教学大纲。

(4)国家职业标准:无线电装接工、电子产品装接工、维修电工。

3. 考试方法

应用电子技术专业单招考试由文化基础、专业基础知识(应知)和技能操作(应会)考试三部分组成,考试总分为450分,其中文化基础知识考试部分为220分(其中语文100分、数学70分、英语50分),采用全省统一命题;专业知识(应知)部分为100分,技能操作(应会)部分为130分。

专业知识(应知)考试采用笔试考试形式,内容为电子技术类专业共性基础知识(含行业规范及职业道德),考试时间为90分钟。技能操作(应会,含职业规范)考试采取实际操作考试方式,考试时间为120分钟。

4. 考试内容和要求

(1)文化基础(总分220分,其中语文100分、数学70分、英语50分),语文、数学和英语文化基础知识考试按省考试院统一标准执行。

(2)专业基础知识(总分100分),其中,电工基础与基本技能训练,约占专业基础知识考试的30%;电子技术基础与基本技能训练,约占专业基础知识考试的30%;单片机技术,约占专业基础知识考试的15%;电气控制与PLC,约占专业基础知识考试的10%;传感技术及应用,约占专业基础知识考试的5%;电视技术与维修,约占专业基础知识考试的5%;行业规范及职业道德，约占专业基础知识考试的 5%。

5．其 他

（1）免试招生

在中职学校期间参加全国业院技能大赛获得一、二、三等奖或省级职业院校技能大赛获得一等奖的考生；具有高级工或技师资格（相当职业）、具有高级工或技师资格（相当职业）、具有高级工或技师资格（相当职业）、具有高级工或技师资格（相当职业），获得县级劳动模范先进个人称号的在职在岗中等业学校毕业生。

（2）特长招生

中职在校阶段，职业技能拔尖，并获得地市州职业技能大赛二等奖以上者和省（部）级及以上职业技能比赛名次者为特长生；中职在校阶段科技创新方面有突出表现，获得省（部）级及以上科技创新发明奖或国家专利证书者（提供相应材料）为科技创新考生。不参加技能测试只进行特长测试，主要测试考生在报名时所填报的特长项目，采取现场测试、答问等方式进行。

二、单独招生考试测试大纲

1．文化基础

文化基础总分 220 分。其中，语文 100 分、数学 70 分、英语 50 分。语文、数学和英语文化基础知识考试按省考试院统一标准执行。

2．专业基础知识

专业基础知识总分 100 分。其中，电工基础与基本技能训练，约占专业基础知识考试的 30%；电子技术基础与基本技能训练，约占专业基础知识考试的 30%；单片机技术，约占专业基础知识考试的 15%；电气控制与 PLC，约占专业基础知识考试的 10%；传感技术及应用，约占专业基础知识考试的 5%；电视技术与维修，约占专业基础知识考试的 5%；行业规范及职业道德，约占专业基础知识考试的 5%，专业基础知识考试范围及要求具体考试内容如表 7.5 所示。

（1）试卷结构与分值比例

单项选择题约占 35%；多项选择题约占 15%；填空题约占 25%；判断题约占 15%；解答题约占 10%。

（2）考试范围及要求

考试范围及要求如表 XX 所示。表中对各部分知识内容要求掌握的程度，在"要求"中用字母 A、B、C、D 标出，A、B、C、D 的含义如下：

A. 重点掌握所列知识的内容，能在分析、解决实际问题过程中熟练、灵活地运用；

B. 掌握所列知识的内容，能在分析、解决实际问题过程中灵活运用；

C. 理解所列知识的确切含义及与其他知识的联系，能在分析、解决简单问题过程中运用；

D. 知道所列知识的内容，能够说出知识的要点、大意，在有关问题中能识别和直接使用。

表 7.5　专业基础知识考试范围及要求

内　容	知　识　要　点	要　求
电工技术基础与基本技能训练	认识交、直流电源、基本电工仪器仪表及常用电工工具	A
	防止触电的保护措施	A
	保护接零的方法	A
	电压源和电流源的概念	A
	电动势、电位和电能的物理概念	A
	电流、电压和电功率的概念	A
	电阻器及其参数	A
	电阻元件电压与电流的关系	A
	电阻串联、并联计算等效电阻、电压、电流和功率	A
	基尔霍夫电流、电压定律	A
	电容器种类、外形和参数	A
	磁场的基本概念	A
	变压器的电压比、电流比	A
	电感器的外形、参数	A
	正弦交流电的三要素	A
	最大值和有效值、周期和频率、相位和相位差概念	A
	单相正弦交流电路电阻元件电压与电流的关系	A
	单相正弦交流电路电感元件电压与电流的关系	A
	容抗、感抗的概念	A

续表

内 容	知 识 要 点	要 求
电工技术基础与基本技能训练	单相正弦交流电路电容元件电压与电流的关系	A
	三相正弦对称电源的概念，理解相序的概念	A
	我国电力系统的供电制	A
	电路组成的基本要素	B
	参考方向的含义和作用	B
	电阻混联计算等效电阻、电压、电流和功率	B
	支路、节点、回路和网孔的概念	B
	基尔霍夫电流、电压定律列出两个网孔的电路方程	B
	叠加定理	B
	磁通的物理概念	B
	有功功率的概念	B
	RL 串联电路的阻抗概念	B
	RC 串联电路的阻抗概念	B
	电源星形联结的特点	B
	戴维宁定理	C
	电容器的概念\储能元件的概念	C
	电容器充、放电电路的工作特点	C
	磁场强度、磁感应强度和磁导率的基本概念及其相互关系	C
	磁化曲线、磁滞回线、常用磁性材料	C
	无功功率的概念	C
	RLC 串联电路的阻抗概念	C
	人体触电的类型及常见原因	D
	电气火灾的防范及扑救常识	D
	负载获得最大功率的条件及其应用	D
	左手定则	D
	右手定则	D
	互感的概念	D
	交流串联电路的电压、电流相位差	D
	电路中瞬时功率、有功功率、无功功率和视在功率概念	D
	功率三角形和电路的功率因数	D

续表

内容	知识要点	要求
电子技术基础与基本技能训练	二极管的结构、电路符号、引脚、主要参数	A
	识读整流电路	A
	识读电容滤波、电感滤波、复式滤波电路图	A
	三极管的结构及符号	A
	三极管的电流放大原理	A
	三极管识别引脚	A
	识读和绘制基本共射放大电路	A
	集成运放的符号及器件的引脚功能	A
	理想集成运放的特点	A
	反馈分类	A
	反相输入、同相输入电路识读	A
	功放的分类	A
	集成运放的组成框图	A
	三端可调稳压器的引脚功能与典型应用电路	A
	数字电路的特点	A
	TTL集成门电路特点	A
	COMS集成门电路特点	A
	硅稳压管、发光二极管、光电二极管、变容二极管等特殊二极管的外形特征、功能	B
	滤波电路的作用及其工作原理	B
	三极管主要参数	B
	放大器直流通路与交流通路	B
	集成运算放大电路估算输出电压值	B
	基本放大电路的组成	B
	放大器的主要性能指标	B
	放大电路四种耦合方式及特点	B
	阻容耦合放大器的放大倍数	B
	OCL功放电路的基本结构、工作原理	B

续表

内容	知识要点	要求
电子技术基础与基本技能训练	OTL 功放电路的基本电路、工作原理	B
	脉冲与数字信号	B
	码制、数制	B
	二进制编码器	B
	基本 RS 触发器	B
	常见逻辑门电路及符号	B
	石英晶体多谐振荡器	B
	门电路构成的单稳态触发器	B
	门电路构成的施密特触发器	B
	集成运放的主要参数	C
	小信号放大器性能指标	C
	分压式偏置、集电极－基极偏置放大器	C
	差分输入运放电路和加法、减法运算电路电路识读	C
	负反馈对放大电路的影响	C
	采用复合管构成的 OTL 功放	C
	交越失真及其消除方法	C
	三极管的各工作状态的条件、判断	C
	三种基本放大电路的原理及识读	C
	集成运放的理想特性	C
	集成运放的三种输入形式	C
	OTL 功放电路的输出功率和效率	C
	OTL 功放电路典型电路分析	C
	电容滤波电路基本工作原理	C
	稳压二极管的稳压原理	C
	78、79 系列三端固定稳压器的引脚功能与典型应用电路	C
	OCL 功放电路的输出功率和效率	C
	逻辑代数运算定律	C
	逻辑函数的公式法化简	C

续表

内　　容	知　识　要　点	要　求
电子技术基础与基本技能训练	组合逻辑电路的识读	C
	二极管伏安特性	D
	合理选用整流电路元件的参数	D
	三极管特性曲线	D
	负反馈电路判别	D
	阻容耦合放大器的幅频特性	D
	二—十进制编码器	D
	集成JK触发器	D
	集成D触发器	D
	集成计数器	D
	集成施密特触发器	D
	集成单稳态触发器	D
	单相半波、单相桥式整流电路构成和基本原理图识读	D
	三极管的管脚识别与质量判别	D
	信号运算电路（加法器、减法器、反相器、电压跟随器）	D
单片机技术基础与实训	单片机的发展与分类	A
	数据单位、存储容量和地址，常用数制与码制	A
	51系列单片机内部结构	A
	单片机时序（时钟、机器、指令周期关系）	B
	C语言程序数据结构及数据类型	B
	一维数组的定义与识读与简单程序编写	B
	简单程序编写（内部数据传送，顺序结构、无条件循环结构）	B
	单片机分支程序读识（分支结构、有限循环结构）	B
	LED流水灯识读与简单程序编写	B
	静态数码管显示与动态数码管扫描显示	B
	查表程序读识	B
	显示子程序、延时子程序读识	B

续表

内　容	知　识　要　点	要求
单片机技术基础与实训	单片机逻辑运算指令	B
	定时器方式 0、1、2 使用及初始化程序读识	B
	中断响应过程、定时器/计数器 T0、T1 中断程序读识	B
	串行通信的基本概念	B
	延时子程序编写	C
	带符号数的表示（原码、反码、补码），BCD 码（压缩型 BCD 码和非压缩型 BCD 码）、ASCII 码	C
	常用数值、变量的定义与使用	D
	顺序结构程序识读与简单程序编写	D
	If、Switch 选择结构程序识读与简单程序编写	D
	Whine、for 循环结构程序识读与简单程序编写	D
	51 单片机定时器/计数器结构及工作原理	D
	状态查询方式工作程序读识	D
	51 单片机中断的基本概念、中断入口地址及中断服务程序跳转	D
	中断优先级与自然优先级	D
	中断请求的清除与复位	D
	51 单片最小应用系统	D
电视技术与维修	黑白电视机的组成方框图及信号流程	D
	电视信号的产生与传送	D
	全电视信号的组成及作用	D
	行、场扫描基本概念及电路识读	D
	AGC、AFT、AFC 基本概念及典型电路图识读	D
	显像管主要附件及电路识读	D
	线性稳压电源电路识读	D
	预中放电路识读	D
传感技术及应用	误差的基本概念	A
	传感器的分类	A
	传感器的定义与组成	B

续表

内　容	知　识　要　点	要　求
传感技术及应用	传感器的基本特性	B
	电阻式传感器识别测试与典型电路识读	D
	电容式识别测试与典型电路识读	D
	电感式识别测试与典型电路识读	D
	霍尔元件识别测试与典型电路识读	D
	压电式识别测试与典型电路识读	D
	光电式识别测试与典型电路识读	D
	温度式识别测试与典型电路识读	D
电气控制与PLC	低压电器的定义、用途、主要分类	A
	电气控制系统图的符号	D
	接触器的结构原理、技术参数	D
	继电器的结构原理、特性	D
	主令电器的结构原理、技术参数	D
	电气控制电路基本控制规律	D
	电气控制系统常用的保护环节基本知识	D
	PLC的硬件的基本组成	D
	软件组成及编程软件的使用	D
	可编程序控制器的编程语言主要形式	D

3．技能操作

技能操作总分 130 分。技能考试项目为电子产品品质检测、电子产品整机装配、小型电子产品安装与调试、电气控制线路安装。考生现场以抽签方式从 4 个项目中选择 1 个项目进行测试。考试科目及主要测试点考评项目及主要技能测试点如表 7.6 所示，考试范围及要求如表 7.7 所示。

表 7.6　主要技能测试点

项目编号	项目名称	项目主要测试点	备 注
1	电子产品品质检测	1. 仪器仪表的正确使用； 2. 技术参数记录与分析； 3. 成品线路板品质检测； 4. 产品品质评价	考生现场以抽签方式从 4 个项目中选择 1 个项目进行测试。
2	电子产品整机装配	1. 元器件识别与检测； 2. 元器件安装成型； 3. 装配流程图绘制； 4. 手工装配焊接	
3	小型电子产品安装与调试	1. 元器件检测与分类； 2. 电子产品安装线路图识读； 3. 电子产品装配； 4. 常用电子仪器仪表使用	
4	电气控制线路安装	1. 电气控制线路图识读； 2. 常用电工工具使用； 3. 电气控制设备选用； 4. 电气控制线路安装	

表 7.7　考试范围及要求

内　容	知 识 要 点	要　求
元器件识别与检测	通过标示识读与检测电阻元件	D
	通过标示识读与检测电容类元件	B
	通过标示识读与检测电感类元件	D
	通过标示识读与检测半导体器件	D
	通过标示识读与检测常用集成电路器件	D
	通过标示识读与检测电声元件	D
	通过标示识读与检测电阻器	B
	通过标示识读与检测开关类元件	D
	通过标示识读与检测常用即插件及线材	D
万用表使用	使用说明书阅读	D
	数字万用表（指针式）基本使用规范	D
	数字万用表（指针式）电阻测量	D
	数字万用表（指针式）电容测量	B

续表

内　容	知　识　要　点	要　求
万用表使用	数字万用表（指针式）二极管极性判断	D
	数字万用表（指针式）三极管类别及引脚判断	D
	数字万用表（指针式）交直流电压测量	D
	数字万用表（指针式）交直电流测量	C
示波器	使用说明书阅读	D
	示波器基本连接规范	D
	X增益、Y增益、通道切换、触发等旋钮的操作方法	C
	示波器波形校准测量	C
	示波器波形绘制	D
	测量波形主要参数读数	D
	任意指定波形测量（不允许使用Auto set键）	D
信号发生器	使用说明书阅读	D
	信号发生器基本连接规范	D
	信号波形选择	D
	信号输出频率选择与调节	D
	信号输出幅度选择与调节	D
	输出任意指定信号	D
毫伏表	使用说明书阅读	D
	信号发生器基本连接规范	D
	信号发生器基本操作规范	D
	任意指定信号测试	D
整机装配	焊接五步法（防静电焊台）	D
	元器件成型与预处理	D
	整机装配基本规范（混装）	D
	整机调试基本规范	D
	整机品质检测	D

续表

内 容	知 识 要 点	要 求
室内照明线路安装	安全用电	D
	器材选型	D
	管线安装	D
	室内配电线路的安装	D
	节能灯的安装与检修	D
	日光灯的安装与检修	D
	双控灯的安装与检修	D
	小型配电箱的安装与检修	D
	室外供电线路的安装与检修	D
ProtelDXP2004 PCB 绘制	ProtelDXP2004 基本菜单操作	D
	元件原理图绘制	D
	元件 PCB 封装测试（读标准 PDF 尺寸）与绘制	D
	电路绘制基本规范	D
	PCB 绘制一般规则	D
	简单电路原理图绘制（给纸质原理图或 PCB 线路板）	D
	电路板识图	D
	简单 PCB 线路板设计与绘制	D
电热电动器具维修	常见电热电动器具分类	D
	常见电热电动器具基本结构	D
	常见电热电动器具基本工作原理	D
	电饭煲故障判断	D
	电饭煲拆卸与装配	D
	电饭煲故障检测	D
	电饭煲故障维修	D
	电饭煲功能测试	D
	测试维修报告书写规范	D

续表

内　容	知　识　要　点	要　求
电气控制与 PLC 技能	安全操作规范	D
	触电与急救	D
	电工常用工具及仪表的使用	D
	导线选择与连接	D
	常用低压电器元器件的结构原理与测试	D
	三相异步电动机基本控制电路识读、安装与调试	D
	电气控制柜元件安装接线配线相关规范	D
	工艺分析、系统配置及梯形图的设计	D
	PLC 外部电路的设计与接线	D
	控制程序的仿真调试与系统联调	D

第八章
中高职衔接体系建设

2010年7月,国务院颁布了《国家中长期教育改革和发展纲要(2010—2020年)》,要求从教育体系内考虑所有职业教育的课程衔接问题,并指出"推进职业学校专业课程与职业标准相衔接"的要求,为中高职衔接课程体系构建提供了方法上的指导。同时,在《国务院办公厅关于开展国家教育体制改革试点的通知》《教育部关于推进中等和高等职业教育协调发展的指导意见》以及《中等职业教育改革创新行动计划(2010—2012年)》三个政策文件中要将中高职衔接课程体系构建这一要求付诸于实践的具体的试点要求、行动计划以及综合且全面的中、高等职业教育协调发展的意见。我院自2014示范建设以来,进行了大量的调研工作,不仅仅是从宏观角度研究中、高职一体化人才培养模式,而是通过具体应用到我院中、高职应用电子专业教学内容中的课程设置进一步分析。由此,在研究中能够深入分析出课程设置重复化的成因。不只是简单地发现问题,而是进一步剖析问题成因。

第一节 衔接评价标准建设

一、试点工作评价指标体系

为了突出效果、推动工作,四川职业技术学院省级教改试点项目试点工作领导小组拟对思想认识明确、观念理念更新、组织领导得力、措施方法有效、效果成效突出的试点学校予以奖励,对目标不明、认识不深、管理紊乱、成效较差的试点学校予以惩罚。

1. 评价体系建设

由四川职业技术学院省级教改试点项目试点工作领导小组组织专家组按

照《四川职业技术学院省级教改试点项目"试点班"试点活动开展情况评估指标》(附件3)评审打分,得分在90分以上者为优秀,80~89分者为良好,60~79分者为合格,60分以下者为不合格。

表8.1 四川职业技术学院省教改试点项目"试点班"试点活动开展情况评估指标

活动项目	评估内容	分值	自评得分	检查得分
管理队伍（3分）	1. 学校有校级领导主抓主管	1		
	2. 班主任是单设专职班主任	1		
	3. 任课教师数量足够,年龄、职称结构合理	1		
制度建设（8分）	1. 试点合作协议完善,申报资料齐全	1		
	2. "试点班"建设纳入学校的建设发展规划,形成常态机制	1		
	3. 制订有单独的"试点班"管理制度或管理方案	2		
	4. 建立健全了专项奖惩激励制度机制	1		
	5. 严格贯彻落实试点项目组的管理制度,每缺1项扣0.5分	3		
人才培养方案（6分）	1. 参与了"一体化"人才培养方案制订修订工作,缺1次扣0.5分,扣完为止	2		
	2. 严格执行统一制订的人才培养方案。符合率不足90%者,扣0.5分;不足85%者,扣1分;不足80%者,扣1.5分,以此类推,扣完为止	4		
教材编写使用（8分）	1. 参与了"一体化"教材编写活动,缺1次,扣0.5分,扣完为止	2		
	2. 提供了完整的教材编写素材。素材被采纳量不足90%者,扣0.5分;不足85%者,扣1分;不足80%者,扣1.5分,以此类推,扣完为止	2		
	3. 使用了统一编写的"一体化"教材。使用率不足90%者,扣0.5分;不足85%者,扣1分;不足80%者,扣1.5分,以此类推,扣完为止	4		

续表

活动项目	评估内容	分值	自评得分	检查得分
教学教改教研活动（9分）	1．成立了相应的教研室（组）	1		
	2．制订了完善的教研教改制度	1		
	3．校内定期开展教研教改活动，至少两周一次，以活动记录为准，每缺1次扣0.5分，扣完为止	3		
	4．积极参加试点项目组组织开展的试点活动，每缺1次，扣0.5分，扣完为止	2		
	5．一学期内至少有1项教学教改成果	2		
资源库建设（7分）	1．积极参与中高职"一体化"资源库建设活动，每缺1次扣0.5分	3		
	2．积极提供资源库建设素材，按好、中、差的等级分别计2、1.5、1分	2		
	3．充分利用资源库资源开展教育教学活动，以实用记录为准，按好、中、差的等级分别计2、1.5、1分	2		
学生帮扶活动（6分）	1．掌握学生基本情况，信息资料上报准确、及时、完整	1		
	2．开展重点对象谈心、对话等帮扶活动，每月至少1次，有帮扶计划、活动记录，缺1次扣0.5分	4		
	3．有相应的成效分析资料或案例资料	1		
实践基地建设（5分）	1．有共享型实践基地建设方案	1		
	2．有"一体化"实践实训基地共建协议	1		
	3．有"一体化"实践实训基地活动记录，每期至少2次，缺1次扣0.5分	3		
素质训育活动（9分）	1．至少每周1次开展主题班会活动，开展宣传引导、思想教育工作，以记录为准，缺1次扣0.5分	2		
	2．至少每2周1次开展学生素质拓展活动，以记录为准，缺1次扣0.5分	2		
	3．每期如实对试点班学生进行素质评价，操行评定、素质考核等资料完善	3		
	4．每一学期至少形成总结分析材料1份或经典案例材料1~2份	2		

续表

活动项目	评估内容	分值	自评得分	检查得分
特色创新活动（7分）	1. 有特色创新活动计划资料	1		
	2. 组建了特色创新团队	1		
	3. 适时开展了特色创新活动，至少每月1次，有活动记录，缺1次扣0.5分	4		
	4. 凝练了特色创新案例，每期至少1~2个，以上报材料为准	2		
技能竞赛（7分）	1. 根据试点项目组总体技能竞赛方案，形成了自己的《实施方案》	1		
	2. 成立了技能竞赛组织管理团队	1		
	3. 至少每周1次，开展了技能训练活动，缺1次扣0.5分	4		
	4. 形成了技能训练经验总结材料，每期至少1份	2		
统一考试（技能测试）（5分）	1. 所有试点专业都纳入了统一命题考试（测试）	1		
	2. 根据试点项目组统一考试方案，形成了本校的《实施方案》	1		
	3. 积极承担相应的考务工作任务，无错漏。1次错漏（需要提请试点领导小组解决的）扣1分，以此类推	3		
信息报送（5分）	1. 严格常规信息报送制度，每缺1次扣0.5分	3		
	2. 临时重要信息报送，报送1次得0.5分	2		
试点成果（15分）	1. 开展纵向横向比较活动，资料完善	4		
	2. 有示范推广性试点案例经典至少2例，缺1例扣2分	4		
	3. 意见反馈有代表性、参考性	2		
	4. 媒体报道，国家级3分，省部级2分，市厅级1分	3		
	5. 有相关研究论文或教改项目等	2		
合　计		100		

2. 激励制度

以政策支持为主。对获得优秀等级的试点学校，将在国省项目申报、专项资金安排、重点专业建设、特色专业拓展、试点项目招生计划、实训基地建设等方面予以优先和倾斜。

经专家组考核评审，凡平均得分在 60~79 分者，则限期整改，如整改后仍然未能达到 79 分者，则终止其试点办学资格。凡平均得分不足 60 分者，则终止其试点办学资格。

二、学习过程评价体系

关注评价的多元化，结合学生作业、平时测验、学习态度，操作技能和职业素质等情况，采用教师评价、学生自评、学生互评结合等形式，评价重点以学生动手能力和实践中分析问题、解决问题（及创新能力）的考核，对在学习上和应用上有创新的学生应于特别鼓励，全面综合评价学生能力。学习过程评价如表 8.2 所示。

表 8.2 学习过程评价

评价点	学生自评（20%）			学生互评（30%）			教师评价（50%）		
	优	良	及格	优	良	及格	优	良	及格
作业完成情况	按时完成作业，内容正确，字迹工整	按时完成作业，内容正确，字迹较工整	作业上交率为80%以上，内容正确	按时完成作业，内容正确，字迹工整	按时完成作业，内容正确，字迹较工整	作业上交率为80%以上，内容正确	按时完成作业，内容正确，字迹工整	按时完成作业，内容正确，字迹较工整	作业上交率为80%，内容正确
实践操作技能	操作方法正确、速度快、质量好	操作方法正确、速度较快、质量较好	操作方法基本正确、能完成操作	操作方法正确、速度快、质量好	操作方法正确、速度较快、质量较好	操作方法基本正确、能完成操作	操作方法正确、速度快、质量好	操作方法正确、速度较快、质量较好	操作方法基本正确、能完成操作
职业操守	安全、文明工作，具有良好的职业操守	安全文明工作，职业操守较好	没出现工作事故	安全、文明工作，具有良好的职业操守	安全文明工作，职业操守较好	没出现工作事故	安全、文明工作，具有良好的职业操守	安全文明工作，职业操守较好	没出现工作事故
学习态度	学习积极性高，虚心好学	学习积极性较高	没有厌学现象	学习积极性高，虚心好学	学习积极性较高	没有厌学现象	学习积极性高，虚心好学	学习积极性较高	没有厌学现象

续表

评价点	学生自评（20%）			学生互评（30%）			教师评价（50%）		
	优	良	及格	优	良	及格	优	良	及格
团队合作精神	具有良好的团队合作精神，热心帮助小组其他成员	具有较好的团队合作精神，能帮助小组其他成员	能配合小组完成项目任务	具有良好的团队合作精神，热心帮助小组其他成员	具有较好的团队合作精神，能帮助小组其他成员	能配合小组完成项目任务	具有良好的团队合作精神，热心帮助小组其他成员	具有良好的团队合作精神，能帮助小组其他成员	能配合小组完成项目任务

三、实践教学督导评价体系

实践教学督导评价标准如表 8.3 所示。对本校及相关试点单位实践教学过程的组织机构、实训教学文件、实训教学组织等方面进行随机抽查督导，保证实践教学落实到位，凡平均得分在 60~79 分者，则限期整改，如整改后仍然未能达到 79 分者，则终止其试点办学资格。凡平均得分不足 60 分者，则终止其试点办学资格。

表 8.3　实践教学督导评价表

学校：_____　系（部）：_____　实训项目：_____

考核条目	考核内容			扣分	本项得分
组织机构（25）	系、部有实训教学检查小组		有　无		
	有实训研讨会议记录		有　无		
	学生实习地点落实情况	学生总数	落实人数	比例	
实训教学文件（10）	实训教学大纲		有　无		
	实训教学计划		有　无		
	实训指导书		有　无		
	实训考核标准		有　无		
	考核实施细则		有　无		

续表

考核条目	考核内容		扣分	本项得分
教学秩序（5）	指导教师对学生考勤记录			
	教师到班指导情况			
	学生缺勤情况			
实训进度（10）	抽查情况			
实训报告和设计文件（10）	实训日志	有 无		
	实训报告	有 无		
	答辩记录	有 无		
	设计文件批改	有 无		
	实训总结	有 无		
实训成绩（5）	及时上报情况	好 差		
实训效果（35）	设计类	学生设计文件合格率（15）		
		实训效果测评（20）		
	实际操作类	10Vo 学生操作考评（15）		
		实训效果测评（20）		
	校外实训类	实训总结材料、实训单位评价（15）		
		实训效果测评（20）		
本次实训总得分				
本次实训考核评价结果				

第二节　一体化教材建设规划

为了深入贯彻《国家中长期教育改革和发展规划纲要》，教育部《关于全面提高高等职业教育教学质量的若干意见》（教高〔2006〕16号）、《高等职业教育"十二五"改革和发展规划》和《教育部、财政部关于进一步推进"国家示范性高等职业院校建设计划"实施工作的通知》(教高〔2010〕8号)文件精神,深入开展中高职立交桥的试点探索工作,按照《构建终身教育体系与人才培养立交桥,全面提升职业院校社会服务能力》省级项目的建设方案,决定成立遂宁市应用电子技术专业中高职衔接教材编写委员会,负责组织和落实应用电子技术专业中高职教材编写工作。

一、编写原则

按分段培养、能力递增、贯通衔接课程各段知识与技能的原则,课程标准一体化培养、按能力标准一体化测试,确保人才培养质量,实现质量升学总体要求,教材编写必须把握以下原则。

(1) 针对性

全面分析遂宁及成渝经济区电子企业的岗位能力要求,引入相应的技能标准。教材内容一定要满足遂宁及成渝经济区电子企业的知识要求,技能训练一定要针对遂宁及成渝经济区电子企业典型工作岗位技能要求。

(2) 职业性

要体现电子行业的职业需求,体现电子行业的职业特点和特性。教材编写时,要设计教与学的过程中能融入专业素质、职业素质和能力素质的培养,将素质教育贯穿到教学的始终。

(3) 科学性

教材的内容要反映事物的本质和规律,要求概念准确,观点正确,事实可信,数据可靠。对基本知识、基本技能的阐述求真务实。要理论联系实际,注重理论在实践中的应用;要突出区域内电子企业的适用技术和技能;要满足学生从业要求。

(4) 贯通性

中高职教材在知识体系上要有机衔接,分段提高;在技能目标上要夯实基础,分层提升;在职业素养、职业能力上要持续培养,和谐统一。原则上中职教材以中职教师为主,高职参与;高职教材以高职教师为主,中职参与;由中高职联合进行教材主审。

(5) 可读性

用词准确,修辞得当,逻辑严密;文字精练,通俗易懂,图文并茂,案例丰富,可读性强。

二、规划教材

应用电子技术专业中高职衔接一体化规划编写教材电工技术基础与技能训练、电子技术基础与技能训练等9部,详见表8.4,教材样本如图8.1所示。

表8.4 中高职衔接一体化规划教材

序号	教学阶段	教材名称	出版社	主编
1	中职规划教材	电工技术基础与技能训练	电子工业出版社	王长江 何 军
2	中职规划教材	电子技术基础与技能训练	电子工业出版社	黄世瑜 李 茂
3	中职规划教材	单片机技术基础与应用	电子工业出版社	刘 宸 蒋 辉
4	中职规划教材	电子产品装配与调试	电子工业出版社	邓春林 唐 林
5	中职规划教材	电热电动器具原理与维修	电子工业出版社	马云丰
6	中职规划教材	电气控制与PLC实用技术教程	电子工业出版社	何 军 谢大川
7	高职规划教材	电路分析与实践	电子工业出版社	王长江 程 静
8	高职规划教材	电子电路分析与实践	电子工业出版社	黄世瑜 李 茂
9	高职规划教材	PLC技术应用	电子工业出版社	郑 辉 蔡天强

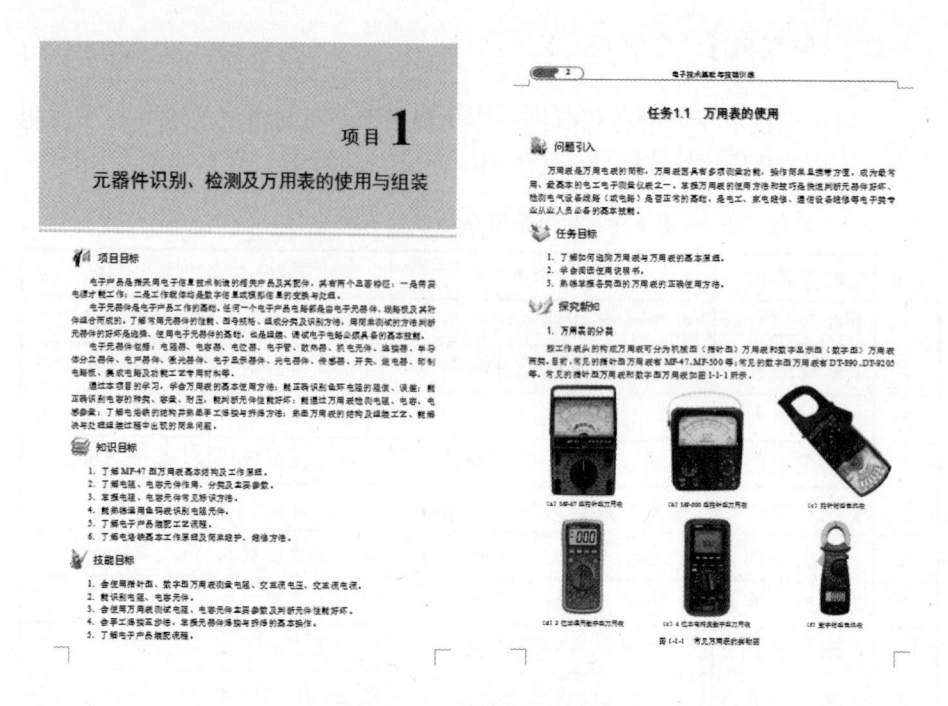

图 8.1　一体化教材样本

第三节　中高职衔接能力标准

"应用电子技术专业能力标准"是指导我院应用电子技术专业中高职衔接学生综合职业能力培养的纲领性文件，是作为考核和评价我院应用电子技术专业中高职衔接学生的综合职业能力和职业素养的标准。中职段能力标准如表 8.5 所示，高职段学生能力标准如表 8.6 所示。

表 8.5　中职段学生能力标准

能力模块	能力单元	能力要素	能力表现指标
电子元件识别与管理能力	1 识别电阻、电容和电感	1.1 识别电阻	1.1.1 识别引线电阻器的材料类型 1.1.2 识别引线电阻器标称阻值 1.1.3 识别引线电阻器额定功率 1.1.4 识别引线电阻器误差等级 1.1.5 识别贴片电阻器的材料类型 1.1.6 识别贴片电阻器阻值 1.1.7 识别贴片电阻器功率 1.1.8 利用电子元件手册、网络识别其他类型的电阻器

续表

能力模块	能力单元	能力要素	能力表现指标
电子元件识别与管理能力	1 识别电阻、电容和电感	1.2 识别敏感电阻	1.2.1 识别光敏电阻 1.2.2 识别热敏电阻 1.2.3 识压敏电阻 1.2.4 利用电子元件手册、网络识别其他类型的敏感元件
		1.3 识别可调电阻	1.3.1 识别可调电阻标称阻值 1.3.2 识别可调电阻额定功率 1.3.3 识别可调电位器轴长和轴端结构 1.3.4 利用电子元件手册、网络识别不同类型的可调电阻
		1.4 识别电容	1.4.1 识别引线电容器的材料类型 1.4.2 识别引线电容器标称容量及偏差 1.4.3 识别引线电容器额定电压 1.4.4 识别贴片电容器标称容量及偏差 1.4.5 识别贴片电容器额定电压 1.4.6 识别有极性的电容器 1.4.7 识别可变电容器 1.4.8 识别微调电容器 1.4.9 利用电子元件手册、网络识别不同类型的电容器
		1.5 识别电感	1.5.1 识别电感器的电感量 1.5.2 识别小型固定电感器 1.5.3 识读色码电感器 1.5.4 识别平面电感器 1.5.5 利用电子元件手册、网络识别不同类型的电感器
		1.6 识别变压器	1.6.1 识别电源变压器 1.6.2 识别低频电信号耦合变压器 1.6.3 识别高频电信号耦合变压器 1.6.4 利用电子元件手册、网络识别不同它类型的变压器
	2 识别晶体管和集成电路	2.1 识别晶体二极管	2.1.1 识别整流二极管 2.1.2 识别发光二极管 2.1.3 识别稳压二极管 2.1.4 识别变容二极管 2.1.5 识别贴片二极管 2.1.6 按型号区分二极管 2.1.7 利用电子元件手册、网络识别其他类型的二极管

续表

能力模块	能力单元	能力要素	能力表现指标
电子元件识别与管理能力	2 识别晶体管和集成电路	2.2 识别三极管	2.2.1 识别 NPN 和 PNP 三极管 2.2.2 按型号区分晶体三极管 2.2.3 识别贴片三极管 2.2.4 按型号区分贴片晶体三极管 2.2.5 识别场效应极管 2.2.6 按型号区分场效应管 2.2.7 识别晶闸管 2.2.8 按型号区分晶闸管 2.2.9 利用电子元件手册、网络识别其他类型的晶体管
		2.3 识别集成电路	2.3.1 识别三端稳压集成电路 2.3.2 识别通用运算放大器集成电路 2.4.3 识别通用小规模数字集成电路 2.3.4 识别部分模数混合集成电路 2.3.5 利用电子元件手册、网络识别其他类型的集成电路
	3 识别开关和继电器	3.1 识别开关器件	3.1.1 识别旋转式开关 3.1.2 识别按动式开关 3.1.3 识别拨动式开关 3.1.4 利用电子元件手册、网络识别其他类型的开关器件
		3.2 识别继电器	3.2.1 识别电磁式继电器 3.2.2 识别舌簧式继电器 3.2.3 识别干簧式继电器 3.2.4 识别湿簧式继电器 3.2.5 识别固态继电器 3.2.6 利用电子元件手册、网络识别其他类型的继电器
	4 识别其他元器件	4.1 识别常用接插件	4.1.1 识别圆形插件 4.1.2 识别方形插件 4.1.3 识别印制电路板接插件 4.1.4 识别带状电脑插件 4.1.5 识别同轴接插件 4.1.6 识别针式插件 4.1.7 利用原材料手册、网络识别其他类型的接插件
		4.2 分检其他器材	4.2.1 识别不同规格的导线 4.2.2 利用原材料手册识别其他类型的器件

续表

能力模块	能力单元	能力要素	能力表现指标
原材料仓库管理能力	1 原材料及器件存放	1.1 熟悉存放要求	1.1.1 熟悉原材料的储存环境条件要求 1.1.2 熟悉原材料的储存安全要求
		1.2 原材料堆放	1.2.1 应用原材料仓库码放原则 1.2.2 分门别类码放电子原件、器材料
	2 出入库管理	2.1 管理原材料库	2.1.1 根据需要建立原材料账册 2.1.2 对材料仓库进行盘存 2.1.3 对材料使用情况进行统计分析
		2.2 填制材料入出库单据	2.2.1 填制材料入库单 2.2.2 根据材料入库单进行账册登记 2.2.3 填制材料出库单（领料单） 2.2.4 根据材料出库单进行账册登记 2.2.5 填制仓库报表
	3 库房计算机管理	3.1 熟练使用计算机	3.1.1 正确使用计算机及打印机 3.1.2 文字录入和文字处理
		3.2 使用计算机库房管理软件	3.2.1 识别不同规格的导线 3.2.2 利用原材料手册识别其他类型的器件
生产准备能力	1 生产工艺准备	1.1 按要求进行环境准备	1.1.1 熟悉电子产品的生产环境要求 1.1.2 准备相应的防静电标识和产品状态标识
		1.2 准备生产指导书	1.2.1 准备具体产品的生产作业指导书 1.2.2 配放生产作业到相应的工位
	2 生产原辅材料准备	2.1 准备原材料	2.1.1 根据产品配套表准确领取生产所需原材料 2.1.2 根据产品生产工艺准确地把原材料分配到相应工位
		2.2 准备辅助材料	2.2.1 根据产品生产工艺正确地领取生产所需辅助材料 2.2.2 根据产品生产工艺准确地把辅助材料分配到相应工位
	3 生产设备的准备	3.1 检查准备装配设备	3.1.1 根据生产工艺给各工位配置相应的装配设备 3.1.2 使用各种装配设备 3.1.3 检查各工位装配设备的工况
		3.2 检查准备插件机贴片机	3.2.1 根据生产工艺检查插件机的参数设置 3.2.2 根据生产工艺检查贴片机的参数设置

续表

能力模块	能力单元	能力要素	能力表现指标
生产准备能力	3 生产设备的准备	3.3 检查准备波峰焊机和回流焊炉	3.3.1 根据生产工艺检查波峰焊机的参数设置 3.3.2 根据生产工艺检查回流焊炉的参数设置
		3.4 检查准备印刷机	3.4.1 检查印刷机的运行状况 3.4.2 检查印制板的质量状况
		3.5 准备质量检测仪器设备	3.5.1 检查在线测试仪（ICT）的运行状况 3.5.2 检查其他测试设备的运行状况
产品装接	1 安全生产和操作规范	1.1 静电放电（ESD）防护	1.1.1 理解 ESD 的原因及其危害 1.1.2 正确使用 ESD 防护设施 1.1.3 严格执行生产过程中的 ESD 防护操作
		1.2 安全生产常识	1.2.1 明确安全生产目的意义，树立安全生产意识 1.2.2 具有安全用电的常识 1.2.3 具有设备使用安全常识 1.2.4 具备遵守设备操作规程的意识
		1.3 开展 5S 管理活动	1.3.1 理解 5S 的内涵及 5S 活动的内容 1.3.2 具有 5S 的职业规范 1.3.3 遵守电子实训室的 5S 规范
	2 插件与贴片	2.1 手工插件	2.1.1 读懂插件作业指导书 2.1.2 熟悉插件工艺的基本工作要领 2.1.3 将本工位的元件准确插到 PCB 相应位置
		2.2 开插件机	2.2.1 给插件机装配元件 2.2.2 检查贴片机的参数设置，运行插件机
		2.3 开贴片机	2.3.1 对原器件进行编带 2.3.2 检查贴片机的参数设置，运行贴片机
	3 波峰焊和回流焊	3.1 波峰焊机的操作	3.1.1 读懂波峰焊机操作指导书 3.1.2 检查波峰焊机的参数设置，开波峰焊机
		3.2 回流焊炉的操作	3.2.1 读懂回流焊炉操作指导书 3.2.2 检查回流焊炉的参数设置，开回流焊炉
	4 印刷机	4.1 印刷机的操作	4.1.1 熟悉锡膏（红胶）的性能和正确使用方法 4.1.2 检查铜板的质量 4.1.3 操作印刷机

续表

能力模块	能力单元	能力要素	能力表现指标
产品装接	5 手工焊接元件	5.1 元件手工成型和安装	5.1.1 熟悉元件成型工艺 5.1.2 使用工具或模具成型元件 5.1.3 按照《IPC-610D-7 元器件的安放》标准安装元器件
		5.2 手工焊接元件	5.2.1 懂得锡焊焊接机理 5.2.2 选择合适的焊接工具、焊料、焊剂 5.2.3 使用手工焊接工具焊接元器件
	6 工艺流程	6.1 组装工艺流程	6.1.1 懂得插件线生产工艺流程 6.1.2 懂得 SMT 线生产工艺流程 6.1.3 熟悉 SMT 无铅工艺方案 6.1.4 参与组装生产工艺方案设计
		6.2 整机安装工艺流程	6.2.1 懂得整机安装工艺流程 6.2.2 参与整机安装工艺流程设计
半成品测试	1 仪器设备的准备	1.1 通用仪器的准备	1.1.1 读懂半成品测试作业指导书 1.1.2 根据《半成品测试作业指导书》的要求配置测试仪表 1.1.3 调试使用半成品测试所用仪表
		1.2 半成品测试工装的准备	1.2.1 根据《半成品测试作业指导书》的要求配置测试工装 1.2.2 调试使用半成品测试所用工装
	2 半成品测试工艺准备	2.1 半成品测试工艺的准备	2.1.1 读懂半成品测试作业指导书 2.1.2 熟悉半成品测试所用仪器设备的操作规程 2.1.3 使用和设计半成品测试记录 2.1.4 搭建半成品测试工作台
	3 进行基本电参量测试	3.1 使用万用表	3.1.1 用机械万用表 3.1.2 用数字万用表
		3.2 测电流	3.2.1 用直流电流表或万用表测直流电流 3.2.2 用交流电流表或万用表测交流电流
		3.3 测电压	3.3.1 用直流电压表或万用表测直流电压 3.3.2 用交流电压表或万用表测交流电压
		3.4 测功率	3.4.1 用电流表和电压表测电功率 3.4.2 用功率表测电功率
		3.5 测电动势	3.5.1 用万用电桥检测电源电动势 3.5.2 测电源内阻

续表

能力模块	能力单元	能力要素	能力表现指标
半成品测试	3 进行基本电参量测试	3.6 测电信号波形	3.6.1 用示波器测信号波形 3.6.2 用示波器测信号幅度 3.6.3 用示波器测信号周期 3.6.4 用示波器测信号相位 3.6.5 用示波器测观察信号失真
		3.7 测电信号频率	3.7.1 用频率计测信号频率 3.7.2 用示波器测信号频率
	4 操作专用检测设备	4.1 在线测试仪（ICT）的操作	4.1.1 读懂 ICT 的操作指导书 4.1.2 操作 ICT 4.1.3 严格执行本工位所需的防静电措施
		4.2 自动光学检测（AOI）的操作	4.2.1 读懂 AOI 的操作指导书 4.2.2 操作 AOI 4.2.3 严格执行本工位所需的防静电措施
		4.3 AXI 的操作	4.3.1 读懂自动 X 射线检测（AXI）的操作指导书 4.3.2 操作 AXI 4.3.3 严格执行本工位所需的防静电和防辐射措施
成品测试	1 仪器设备的准备	1.1 通用仪器的准备	1.1.1 读懂成品测试作业指导书 1.1.2 根据《成品测试作业指导书》的要求配置测试仪表 1.1.3 调试使用成品测试所用仪表
		1.2 专用测试设备的准备	1.2.1 根据《成品测试作业指导书》的要求配置专用测试设备 1.2.2 使用成品测试专用设备
		1.3 成品测试工装的准备	1.3.1 根据《成品测试作业指导书》的要求配置测试工装 1.3.2 使用成品测试所用工装
	2 进行成品测试	2.1 成品测试工艺的准备	2.1.1 读懂成品测试作业指导书 2.1.2 熟悉成品测试所用仪器设备的操作规程 2.1.3 使用和设计成品测试记录 2.1.4 搭建成品测试工作台
		2.2 使用通用或专用设备进行成品测试	2.2.1 测试成品的电器性能 2.2.2 对成品的机械特性进行测试

续表

能力模块	能力单元	能力要素	能力表现指标
成品测试	2 进行成品测试	2.3 进行定型试验和例行试验	2.3.1 对产品进行环境试验 2.3.2 对产品进行可靠性试验 2.3.3 对产品进行安全性试验 2.3.4 对产品进行电磁兼容性试验
产品质量检验	1 电子材料检查	1.1 进料质量控制（IQC）检验	1.1.1 熟悉材料验收（技术）标准 1.1.2 根据产品质量要求对所需原材料进行进货检验 1.1.3 根据产品质量要求对所需辅料进行进货检验
		1.2 进料质量分析	1.2.1 及时对材料供应商所供物料进行质量评价 1.2.2 对供应商所送货物料进行质量分析形成评估报告
	2 进行基本电参量测试	2.1 在制过程质量控制（IPQC）检验	2.1.1 对插件工序进行生产环境和工作质量检查 2.1.2 对贴片工序进行生产环境和工作质量检查 2.1.3 对波峰焊、回流焊等关键工序进行打样，确定关键设备的工作状况 2.1.4 根据《IPC-610-D5 焊接》标准检验焊接质量 2.1.5 查验手工插件和焊接生产环境 2.1.6 查验半成品 2.1.7 查验产品的组合工序 2.1.8 查验成品 2.1.9 查验产品的包装工序 2.1.10 查验生产环境 2.1.11 使用 ICT、AOI、AXI 等检测设备检验制品质量
		2.2 出货质量控制（OQC）检验	2.2.1 检验单件产品并处理检验结果 2.2.2 进行批量抽检并处理检验结果 2.2.3 进行客户抽检并处理检验结果
		2.3 最终质量控制（FQC）检验	2.3.1 检验成品外观 2.3.2 检验成品材料的物理/化学性能 2.3.3 检验成品整机电器特性 2.3.4 检验成品机械特性 2.3.5 检验成品操控特性

表 8.6 高职段学生能力标准

能力模块	能力单元	能力要素	能力表现指标
电子产品组装、检测、调试能力	1 安全生产和操作规范	1.1 静电放电（ESD）防护	1.1.1 理解 ESD 的原因及其危害 1.1.2 正确使用 ESD 防护设施 1.1.3 严格执行生产过程中的 ESD 防护操作
		1.2 安全生产常识	1.2.1 明确安全生产目的意义，树立安全生产意识 1.2.2 具有安全用电的常识 1.2.3 具有安全使用设备常识 1.2.4 具备遵守设备操作规程的意识
		1.3 开展 6S 管理活动	1.3.1 理解 6S 的内涵及 6S 活动的内容 1.3.2 具有 6S 的职业规范 1.3.3 遵守电子企业的 6S 规范
	2 手工焊接元件	2.1 元件手工成型和安装	2.1.1 熟悉元件成型工艺 2.1.2 使用工具或模具成型元件 2.1.3 按照《IPC-610D-7 元器件的安放》标准安放元器件
		2.2 手工焊接元件	2.2.1 懂得锡焊焊接机理 2.2.2 选择合适的焊接工具、焊料、焊剂 2.2.3 使用手工焊接工具焊接元器件
	3 插件与贴片	3.1 手工插件	3.1.1 读懂插件作业指导书 3.1.2 熟悉插件工艺的基本工作要领 3.1.3 将本工位的元件准确插到 PCB 相应位置
		3.2 开插件机	3.2.1 给插件机装配元件 3.2.2 检查贴片机的参数设置，运行插件机
		3.3 开贴片机	3.3.1 对原器件进行编带 3.3.2 检查贴片机的参数设置，运行贴片机
	4 波峰焊和回流焊	4.1 波峰焊机的操作	4.1.1 读懂波峰焊机操作指导书 4.1.2 检查波峰焊机的参数设置，开波峰焊机
		4.2 回流焊炉的操作	4.2.1 读懂回流焊炉操作指导书 4.2.2 检查回流焊炉的参数设置，开回流焊炉
	5 印刷机	5.1 印刷机的操作	5.1.1 熟悉锡膏（红胶）的性能和正确使用方法 5.1.2 检查铜板的质量 5.1.3 操作印刷机

续表

能力模块	能力单元	能力要素	能力表现指标
电子产品组装、检测、调试能力	6 组装工艺流程	6.1 组装工艺流程	6.1.1 懂得插件线生产工艺流程 6.1.2 懂得SMT线生产工艺流程 6.1.3 熟悉SMT无铅工艺方案 6.1.4 参与组装生产工艺方案设计
		6.2 整机安装工艺流程	6.2.1 懂得整机安装工艺流程 6.2.2 参与整机安装工艺流程设计
	7 半成品测试	7.1 半成品测试工艺准备	7.1.1 读懂半成品测试作业指导书 7.1.2 熟悉半成品测试所用仪器设备的操作规程 7.1.3 使用和设计半成品测试记录 7.1.4 搭建半成品测试工作台
		7.2 进行基本电参量测试	7.2.1 测电流 7.2.3 测电压 7.2.4 测功率 7.2.5 测电信号参数
	8 成品测试	8.1 成品测试工艺的准备	8.1.1 读懂成品测试作业指导书 8.1.2 熟悉成品测试所用仪器设备的操作规程 8.1.3 使用和设计成品测试记录 8.1.4 搭建成品测试工作台
		8.2 使用通用或专用设备进行成品测试	8.2.1 测试成品的电器性能 8.2.2 对成品的机械特性进行测试
		8.3 进行定型试验和例行试验	8.3.1 对产品进行环境试验 8.3.2 对产品进行可靠性试验 8.3.3 对产品进行安全性试验 8.3.4 对产品进行电磁兼容性试验
电子产品维修能力	1 维修单元电路	1.1 检测无源元件	1.1.1 检测电阻器 1.1.2 识别电阻器上标识符号的意义 1.1.3 用万用表检测电阻阻值 1.1.4 用万用电桥检测电阻阻值 1.1.5 查阅电阻型号和相关参数 1.1.6 检测电容器 1.1.7 识别电容器上标识符号的意义 1.1.8 用万用表粗略判断电容好坏 1.1.9 数字万用表测电容量 1.1.10 用万用电桥检测电容 1.1.11 查阅电容型号和相关参数 1.1.12 检测电感和变压器 1.1.13 识别电感上标识符号的意义 1.1.14 用万用表粗略判断电感和变压器好坏 1.1.15 用仪表判别变压器的同相端 1.1.16 查阅电感型号和相关参数

续表

能力模块	能力单元	能力要素	能力表现指标
电子产品维修能力	1 维修单元电路	1.2 检测半导体元器件	1.2.1 检测二极管 1.2.2 识别二极管上标识符号的意义 1.2.3 用万用表判断二极管极性能与好坏 1.2.4 用晶体管图示仪测试二极管 1.2.5 查阅二极管型号和相关参数 1.2.6 检测三极管 1.2.7 识别三极管上标识符号的意义 1.2.8 用万用表判断三极管极性管脚与好坏 1.2.9 用晶体管图示仪测试三极管 1.2.10 查阅三极管型号和相关参数 1.2.11 检测场效应管 1.2.12 识别结场效应管上标识符号的意义 1.2.13 识别 MOS 场效应管上标识符号的意义 1.2.14 用万用表判断 VMOS 场效应管管脚与好坏 1.2.15 阅场效应管型号和相关参数 1.2.16 检测晶闸管 1.2.17 识别晶闸管上标识符号的意义 1.2.18 用万用表判断晶闸管极性、管脚与好坏 1.2.19 查阅晶闸管型号和相关参数 1.2.20 识别运算放大器 1.2.21 查阅运算放大器引脚功能 1.2.22 查阅运算放大器型号和相关参数 1.2.23 识别常用数字集成电路 1.2.24 查阅常用数字集成电路的逻辑功能 1.2.25 阅常用数字集成电路引脚步功能
	2 维修电子产品	2.1 检查电子产品故障	2.1.1 分析电子产品故障原因 2.1.2 用万用表检查电路故障 2.1.3 用示波器检查交流信号电路故障
		2.2 维修电子产品	2.2.1 查找电子产品损坏的元件 2.2.2 查阅损坏元件参数，选择替代元件 2.2.3 从电路上拆卸元件 2.2.4 安装新元件到电路板上 2.2.5 测试维修后设备性能

续表

能力模块	能力单元	能力要素	能力表现指标
电子产品维修能力	2 维修电子产品	2.3 维修扩音机	2.3.1 分析判断扩音机故障 2.3.2 识读扩音机原理电路图 2.3.3 根据故障现象分析扩音机故障原因 2.3.4 维修扩音机故障 2.3.5 检测电路电参量，判断电路故障 2.3.6 查找损坏元件 2.3.7 查阅损坏元件参数，选择替代元件 2.3.8 从电路上拆卸元件 2.3.9 安装新元件 2.3.10 用万用表检查电源和调整电路的直流工作点 2.3.11 用失真度仪测试扩音机的失真度
小型电子产品开发设计能力	1 设计电子电路	1.1 电子电路分析与测试	1.1.1 分析原产品电路原理 1.1.2 测试原产品技术参数 1.1.3 提交分析测试报告
		1.2 设计电子电路	1.2.1 开发设计电子电路 1.2.1 设计电子电路 1.2.1 撰写电路设计报告
		1.3 电路制作	1.3.1 制作电路 1.3.2 购置所需元件和材料 1.3.3 设计与制作 PCB 电路 1.3.4 安装电路 1.3.5 测试和调试设计电路 1.3.6 撰写设计电路性能测试报告
	2 PCB 设计与制作	2.1 常用 PCB 设计软件应用	2.1.1 PCB 设计 2.1.2 使用 PCB 设计软件 2.1.3 安装设置 Protel 软件 2.1.4 安装设置其他 PCB 设计软件
		2.2 PCB 线路板设计	2.2.1 使用软件设计 PCB 2.2.2 使用 Protel（或其他软件）设计原理电路图 2.2.3 使用 Protel（或其他软件）设计单面 PCB 2.2.4 使用 Protel（或其他软件）设计双面 PCB
		2.3 板材选择	2.3.1 购置敷铜板材料 2.3.2 选择单面敷铜板材质 2.3.3 择双面敷铜板材质 2.3.4 采购所需的敷铜板

续表

能力模块	能力单元	能力要素	能力表现指标
小型电子产品开发设计能力	2 PCB 设计与制作	2.4 PCB制作	2.4.1 制作 PCB 2.4.2 手工刻制简单单面 PCB 2.4.3 用热转印法制作 PCB 2.4.4 光化学方法制作 PCB 2.4.5 检查 PCB 质量
	3 单片机应用系统开发设计（MSP430）	3.1 建立开发平台	3.1.1 建立软件平台 3.1.2 安装软件 3.1.3 用开发软件 3.1.4 使用仿真软件
		3.2 硬件调试	3.2.1 选择硬件开发平台 3.2.2 使用硬件开发器 3.2.3 进行程序下载和程序烧写 3.2.4 进行在线编程和下载
		3.3 硬件设计与调试	3.3.1 硬件电路设计 3.3.2 组成单片机小系统 3.3.3 运用单片机接口设计应用电路 3.3.4 运用单片机的通信功设计应用电路 3.3.5 运用 A/D、D/A 设计应用电路
		3.4 软件设计与系统调试	3.4.1 软件设计 3.4.2 会一种（或以上）单片机语言开发程序 3.4.3 结构性程序设计 3.4.4 调试和优化设计程序

参考文献

[1] 四川省高等教育人才培养质量与教学改革项目"中高职一体化人才培养模式探索与实践"成果总结报告

[2] 四川职业技术学院四川省教育体制改革试点项目"构建终身教育体系与人才培养立交桥，全面提升职业院校社会服务能力"试点工作实施管理办法

[3] 四川职业技术学院四川省教育体制改革试点项目"构建终身教育体系与人才培养立交桥，全面提升职业院校社会服务能力"总结报告

[4] 刘进. 中职衔接一体化人才培养:问题分析与实践探索[J]. 职业技术教育，2015，09.

[5] 刘进. 我国职业教育发展趋势探究[J]. 中国成人教育，2014，11.

[6] 范军. 基于区域的共享型实训基地建设机制的探索与实践[J]. 山东工业技术，2014，10.

[7] 徐涵. 以工作过程为导向的职业教育[J]. 职业教育技术，2007，34：5-10.

[8] 余文森，刘家访，洪明. 现代教学论基础教程[M]. 东北：东北师范大学出版社，2007：173-174.

[9] 高志宏，刘艳. 创新创业教育的理论与实践[M]. 南京：东南大学出版社，2012.

[10] 黄艳芳. 职业教育课程与教学论. 北京师范大学出版社，2010.7.

[11] 苟建华. 校企合作教育模式运行机制建设的探索[J]. 浙江教育学院学报，2010（2）.

[12] 高原. 我国中高职衔接研究综述[J]. 中国职业教育，2004（5）.

[13] 杨赛荣. 中高职衔接文献综述[J]. 职业技术，2014（7）：91-92.

[14] 刘育锋，陈鸿. 中高职课程衔接：我国职业教育政策的历史诉求——上世纪八十年代以来我国重大教育和职业教育政策文件制度分析[J]. 职教论坛，2012（1）：43-47.

[15] 胡佳. 中高职教育衔接的制度化进程[J]. 职业教育，2014（10）：3-6.

[16] 黎志键，韦弘. 中高职衔接的政策演变轨迹及其思考[J]. 继续教育研究，2012（5）：47-49.

[17] 刘立波. 关于中高职衔接的几点思考[J]. 教育论坛, 2014 (2): 150.

[18] 范金玲. 开展中高职衔接工作的研究和实践[J]. 机械职业教育, 2012 (6): 12-13.

[19] 李占文. 关于中高职教育衔接问题的再认识[J]. 辽宁高职学报, 2014 (7): 6-7.

[20] 冯克江. 广东省中高职衔接的问题及对策[J]. 内蒙古电大学刊[J]. 2014 (6): 73-76.

[21] 刘文丽, 谢志英, 赵新义. 中高职教育衔接模式探讨[J]. 课程教育研究, 2014 (3) 下旬刊: 44-45.

[22] 柳燕君. 北京市中高职教育衔接模式的研究[J]. 中国职业技术教育, 2010 (16): 73-77.

[23] 朱雪梅. 我国中职与高职衔接研究述评[J]. 职业技术教育, 2011 (7): 25-26.

[24] 许燕萍, 中高职衔接"3+2"人才培养模式的探索与实践[J]. 内江科技, 2013 (5): 179&175.

[25] 张婵. 创新型中高职衔接"二三分段"人才培养模式研究[J]. 继续教育研究, 2014 (7): 107-108.

[26] 刘松林. 中高职衔接模式培养结果的比较研究[J]. 广东技术师范学院学报（社会科学）, 2013 (6).

[27] 邵建华. 中、高职衔接的职业教育人才培养体系探讨[J]. 沙洲职业工学院学报, 2012 (3): 36-38.

[28] 胡艳. 中高职衔接视角下的高职差异化人才培养方案研究[J]. 宿州教育学院学报, 2013 (2): 94-96.

[29] 胡海侠. 基于可持续发展的中高职培养目标衔接探究[J]. 机械职业教育, 2013 (6): 9-11.

[30] 邵元君, 匡瑛. 国家职业标准：中高职衔接中培养目标定位的重要依据—基于美英的经验[J]. 职教论坛, 2012 (28): 51-54.

[31] 宋昀, 贾俊良, 刘岩. 构建能力递进的中高职衔接人才培养方案[J]. 中国科技博览, 2014 (34): 104-105.

[32] 郑淑玲. 中高职衔接数控技术专业人才培养存在的问题及对策[J]. 职业教育, 2013 (9): 41-43.

[33] 王文芳, 徐佩安. 基于行业标准的中高职"三二分段"人才培养模式研究[J]. 网友世界, 2014 (4): 127-129.

[34] 管弦. 中高职衔接"三二分段"人才培养模式探析[J]. 教育与职业, 2013 (3) 下: 11-13.

[35] 范爱民, 张晓雷, 覃岭. 中高职衔接三二分段一体化人才培养方案的

设计[J]. 中国职业技术教育，2013（11）：55-58.

[36] 杨惠超，黄文峰. 中高职衔接一体化人才培养方案研究[J]. 职业时空，2014（9）：105-107.

[37] 周东黎. 中、高职衔接的会计专业教学计划制定研究[J]. 河北能源职业技术学院学报，2014（9）.

[38] 卞平，李军. 模具设计与制造专业中高职衔接人才培养方案研究[J]. 湖北工业职业技术学院，2014（8）.

[39] 孙晓云. 中高职衔接人才培养方案的研究[J]. 科教文汇，2014（10）：154-155.

[40] 夏学文. 中高职衔接的专业教学标准的开发[J]. 天津职业大学学报，2013（6）：43-45&47.

[41] 雷建龙，黄邦彦. 构建中高职衔接的专业教学标准，引导职业教育健康发展[J]. 武汉船舶职业技术学院学报，2013（4）：66-70.

[42] 曹毅，蒋丽华，罗群等. 基于分层模型的中高职衔接标准分析与构建[J]. 职业技术教育，2013（13）.

[43] 雷建龙，黄邦彦，张道平等. 中高职职衔接应用电子技术专业教学标准研究——以湖北省为例[J]. 天津职业大学学报，2014（6）.

[44] 丛佩丽. 基于中高职衔接的计算机网络技术专业教学标准设计[J]. 机械职业教育，2014（5）：26-27&46.

[45] 陈锦贵. 基于中高职相衔接的文秘专业教学标准研究[J]. 中国农业教育，2013（1）：37-41.

[46] 陈计专. 基于中高职衔接的会计专业教学标准设计[J]. 襄阳职业技术学院学报，2013（6）：88-90.

[47] 张英岗. 中高职教育课程衔接可行性研究与实践[J]. 黑河学刊，2013（7）：107-108.

[48] 徐国庆. 中高职衔接的课程论研究[J]. 教育研究，2012（5）：69-73.

[49] 祝士明，马东东. 中高职教育课程衔接的思考[J]. 职业技术教育，2013（25）：37-41.

[50] 孔庆红. 中高职课程衔接的策略研究[J]. 科技视界，2013（14）：15&28.

[51] 唐树伶. 中高职课程体系衔接模式的选择[J]. 安徽商贸职业技术学院学报，2014（1）：57-60.

[52] 逯铮. 终身教育背景下中高职课程衔接的理论诉求及国际借鉴[J]. 职教通讯，2013（7）：43-47.

[53] 刘培琴. 中高职教育课程仙界的研究与实践[J]. 成人教育，2013（2）：46-49.

[54] 陈文彪. 中高职课程衔接的问题与对策探究——基于英法两国经验[J].

新疆职业教育研究，2013（4）.

[55] 廖毅芳. 中高职衔接的物流专业课程标准：以香港为鉴[J]. 广东交通职业技术学院学报，2013（3）.

[56] 张志新，林来涛. 基于"学习领域"的中高职课程体系衔接研究[J]. 职业技术教育，2013（34）：37-41.

[57] 彭湘蓉. 基于岗位工作能力的机电专业中高职课程体系衔接研究[J]. 现代企业教育，2013（5）下.

[58] 邵世光，王月穆. 基于国家职业标准的中高职课程衔接策略[J]. 职教论坛，2012（15）：23-25

[59] 张大伟. 中高职课程衔接的依据、思路及实施构想[J]. 成人教育，2014（10）：46-48.

[60] 张家寰. 中高职衔接课程结构一体化设计[J]. 中高职业技术教育，2006（11）：37-39.

[61] 吴健，李巍巍. 中高职衔接课程体系构建与实施[J]. 中国科技投资，2014（6）上：527-528.

[62] 周静. 中高职课程衔接一体化设计[J]. 成人教育，2014（1）：61-63.

[63] 金炳雄. 中高职旅游类专业课程衔接的抽样分析及对策研究——以浙江省中高职院校为例[J]. 中国高教研究，2013（4）：89-92.

[64] 胡翔云. 中高职人才培养边界及课程体系衔接街研究——以湖北省中职机械加工技术、高职机械制造与自动化专业为例[J]. 湖北工业职业技术学院学报，2014（6）：7-12.

[65] 马美蓉等. 中高职衔接的"分层、分段、板块式"课程体系构建——以畜牧兽医专业为例[J]. 畜牧与饲料科学，2014（1）：63-66.

[66] 吴繁红. 中高职衔接课程体系的构建探索——以 3+2 电气自动化技术专业为例[J]. 江苏广播电视大学学报，2013（3）：48-50.

[67] 孙立书. 中高职课程体系衔接研究[J]. 淮南职业技术学院学报，2013（6）：52-56.

[68] 纪顺源. 中高职课程衔接层次性特点研究[J]. 职业教育，2013（9）：47-50.

[69] 黄彬. 中高职课程衔接存在的问题及其解决路径[J]. 职业技术教育，2012（35）：20-24.

[70] 傅琼. 中高职课程衔接存在的问题与对策建议[J]. 宁波城市职业技术学院学报，2013（9）：74-76&80.

[71] 倪昶昶，江苏省"3+2"中高职衔接实施现状及对策[J]. 职教通讯，2013（11）：24-25.

[72] 陈家颐. 江苏省中高职衔接试点建设的启示[J]. 江苏教育，2013（12）：13-14.